花店经营与管理
实战攻略
开一家赚钱的高品质花店

清璇 著

化学工业出版社

·北京·

花香袭人，花色怡人，花容悦人。这是一本有关插花、花艺和花店经营的图书，能让读者在掌握开花店的必备基础知识和技能的同时，也能了解基本的插花艺术，提高自身的艺术素养。

本书从开办花店的准备、条件等谈起，全面讲述了花店的开设、经营、未来发展等事项，包括想清楚再开店、开花店的准备工作、如何经营一家花店、花店的未来在哪里四篇，全面介绍了开花店的心理准备、专业技能和花艺知识准备、经营准备、开业准备、花店的经营与营销方式、花店员工培训、走出去学习和对花店未来的思考等精彩内容。本书还分享了大量的花店经营范例，包括南北方不同的地域，一、二、三、四线城市，甚至是县城、乡镇的花店，既有高品质、高规格、享誉国内外的花店，也有普通的特色小花店，其中有经营十分成功的花店案例分享，也有经营惨淡甚至倒闭停业的花店案例。几年的时间里，作者跑遍了大江南北、长城内外，采访、分析了大量花店经营者的心得，并择典型案例一一展示在本书中，相信会对想要开花店的读者有所帮助。

图书在版编目（CIP）数据

花店经营与管理实战攻略：开一家赚钱的高品质花店 / 清璇著． —北京：化学工业出版社，2020.3（2025.1重印）

ISBN 978-7-122-35593-5

Ⅰ．①花… Ⅱ．①清… Ⅲ．①花卉－专业商店－商业经营 Ⅳ．①F717.5

中国版本图书馆 CIP 数据核字（2019）第 253087 号

责任编辑：卢萌萌　张　龙　　　　　　　装帧设计：水长流文化
责任校对：边　涛　　　　　　　　　　　美术编辑：王晓宇

出版发行：化学工业出版社（北京市东城区青年湖南街 13 号　邮政编码 100011）
印　　装：北京天宇星印刷厂
710mm×1000mm　1/16　印张 12½　彩插 10　字数 180 千字　2025 年 1 月北京第 1 版第 7 次印刷

购书咨询：010-64518888　　　　　　　　售后服务：010-64518899
网　　址：http://www.cip.com.cn
凡购买本书，如有缺损质量问题，本社销售中心负责调换。

定　价：59.80 元

前　言

　　提起鲜花，很多人脑海里便会浮现出美丽、浪漫、温馨等美好的词汇。的确，鲜花使人愉悦，当一个人心情不好时，一束鲜花足以让他（她）绽放笑脸，如果一束不够，那就再来一束。鲜花具有疗愈人心的美好作用，因此人们都喜欢美丽的花儿。很难想象，一个不喜欢鲜花、会辣手摧花的人，其心理会阴暗到什么程度。

　　在我做花艺之后，经常会有朋友问："花艺是什么？好学吗？好玩吗？"或"我想开家花店，你能教我吗？"问者大多数是女性。而我总是先问，你了解花店业吗？你为什么而开花店？是情怀，还是为了赚钱？你知道开花店的辛苦吗？你知道花店有很大损耗，并且知道如何降低吗？通常我都会这样一连串问咨询者。面对我的问题，几乎所有的朋友都回答不上来，对于她们而言，开花店似乎就是一拍脑门就能决定的事情。

　　当今社会，大的社会环境很稳定，国家大力提倡弘扬传统文化，而花艺作为古人八雅（琴、棋、书、画、诗、酒、花、茶）之一，自然也是提倡的。花艺的兴盛意味着鲜花用量的增加，对于花店业而言，这是大好的机遇。可是，我们也应当看到挑战：目前，实体店铺受网络经济冲击很大，很多花店的客户被分散并没有想象中的那么景气，再加上房价过高导致店铺租金昂贵，使实体店铺的经营成本年年上涨，住房、医疗、孩子上学等掏空了许多人家的口袋，让老百姓不敢花钱买花，已使传统的花店业步履维艰。

　　近几年，各种花艺培训的兴起，令越来越多的普通人可以轻易学习并接触到花艺，进而萌生出开花店的想法，于是小型花店如雨后春笋般冒出来。但在当今讲究个性、拼头脑的时代，没有做好准备就贸然进入一个竞争激烈的行业，你真的想好了吗？你真的准备好了吗？这是我一直在提醒咨询我的朋友与读者们的问题。

如果你真的想好要开花店了，并且想要开一家品质较高又与众不同的花店，那我希望你能从这本书中得到启发，相信会对你有所帮助。如果你没想好是否开花店，你也可以看一看这本书，带着上面的问题来读，看完这本书再决定不迟，希望本书能帮助你确定最终的答案。当然已经开店的朋友，也可以从这本书里去寻找一些新的经营思路，希望书中介绍的一些案例、花艺的历史、我的一些见解等，会对你有所启发。这，也就是我写作本书的宗旨与目的。

欢迎你与我进行交流。

本书的写作成书其实有很大偶然的成分，当我在面对各种询问时，因为本着对朋友们负责的态度，不想"眼看他起高楼，眼看他宴宾客，眼看他楼倒塌"，总想从专业角度告诉朋友们花店到底该不该开，应该怎样开。我本身是花艺讲师，又有多年零售与管理经验，同时自身也是一名作家，遂萌生了把想说给大家的话系统写出来的想法。这得到了朋友与家人们的大力支持，恰逢出版社编辑找到我，我们一拍即合，于是有了这本书的诞生。

希望这本书能够给营业中的花店带来更高的利润，给想赚钱没项目的人一份事业建议，给迷茫的人一份精神上的寄托，给生活不温不火的人一份新的激情。若真能如此，吾心足矣，也不枉了我呕心沥血、废寝忘食、东奔西走为书稿付出的大量精力与金钱了。

清璇

2020年2月于北京

目　录

第二篇 开花店的准备工作

第三篇　如何经营一家花店

第四篇　花店的未来在哪里

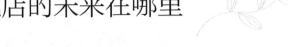

第一篇

想清楚再开店

有些人认为开花店是件很简单的事情，无外乎租下个店面，办一个营业执照，进一些花，买点包装纸之类的，再弄一些花瓶往店里一摆，照着挂图包两束花就搞定了。至于其他的，顶多去学个基础花艺，了解一些花艺知识。心灵手巧的话，甚至连花艺都不用学，只要会算账、会包花就行。到时顾客就会哗啦啦地上门，稳赚不赔。

　　感觉上，人们会认为开花店实在很简单，虽是一个小生意，但却是一个很赚钱、很轻松的生意。网络时代，很多事情都是透明的，有些人会质疑：你说花店不赚钱，难道进价1元一枝的红玫瑰卖5元一枝，情人节还可以卖到10元一枝，甚至更高，这简直可以说是暴利，花店就是个暴利行业，你怎么说开花店很难，赚钱不容易呢？

　　理想和想象是美好的、丰满的，但现实却是残酷的、骨感的。花店业实际情况真的如想象中那样吗？很多冒冒失失闯进花店业的店主用8个字总结了自己的感受"一入花店，坑深似海"。很多人都后悔当初没想好，凭着美好的想象就开了花店。实际上，开花店远不是你想象中的那样简单和轻松，花店业是一个比想象中复杂得多，也辛苦得多的行业，它包含了许多方方面面的事情。除了自身的技艺准备、店面租房的寻找等硬件准备外，还需要你有一个好身体，可以承担繁重的劳动；也需要你有一个好头脑，能够懂得经营之道；更需要你有一颗热爱鲜花行业的心，这样才能够坚持下来。更重要的是，除了干一行爱一行外，更需要精一行。插花是一门技艺，花艺师需要精湛的手艺才能撑起花店的日常销售，花店店主需要懂经营门道，才能撑起花店的经营管理。

　　知其然还得知其所以然，入一个行当，首先应当知道它的来龙去脉，讲起来能够头头是道，这不是为了让你有吹嘘的资本，而是让你在了解历史后，能够悟出经营的道理和技巧。花作为历史悠久的君子八雅之一，插花有着与茶艺同样悠久深远的历史，即使你只是想开一家花店，而不是打算当一个花艺大师，也需要了解花艺的历史，这就像你是中国人，要了解中国的历史是一个道理。你在开花店后，能够跟顾客讲讲花艺历史，会让顾客觉得你是一位有内涵的花店老板，从而对你产生信任感，有利于花店的业务开展。了解花艺历史，也有助于你更好地把握花艺，进而形成自己的花艺风格。退一万步说，即使你不想开花店，也不想当花艺师，知道一些花艺的历史，在同别人谈起来时，也会让人感觉你很风雅，很有文化。总之，了解一些花艺历史知识有益无害。因此，这本关于怎样开一家赚钱花店的书，要先从花艺的历史，也就是插花与花艺的来龙去脉讲起。

第**1**章

历史渊源

什么是插花？将植物的花、枝、叶、果实等剪切下来，插在一个饱水的介质上，同时可以抒发作者思想与内涵的艺术行为称之为插花（文后彩图1-1）。

由于地域、环境及文化背景的不同，插花从起源和发展风格上，可分为两大类型：**一是以中式插花为核心的东方插花艺术，二是以欧美文化为代表的西方花艺设计**（图1-1）。

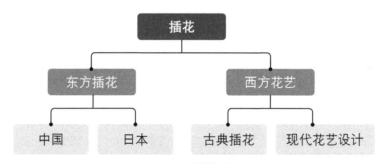

图1-1　插花类型图

东方插花以中国传统文化为内涵，同时包括日本花道在内有悠久历史。有些人在这个问题上有模糊认识，认为日本花道与中式插花完全是两回事，尤其是近现代，日本花道风行整个世界，其影响力远超过中式插花，所以认为东方插花就是日本花道，甚至认为中式插花实际上是日本花道的延伸，这种认识是片面和错误的。原因我们在后面会讲到，这里我们先略讲一下东方插花的传播史。

古代中国经济发达，社会繁荣，国力强盛。中华文化对周边邻国影响深远而广大，日本也不例外。唐代，日本派遣了众多的遣唐使来到中国学习，将包括插花在内的唐朝礼仪、佛前供花及插花器具带回，中国插花自此便在日本撒下了种子。而朝鲜、韩国、越南以及广泛的东南亚地区受到中国文化的影响更多，自然承袭的也是中式插花。

西方花艺则大不相同，西方实用主义影响很深，花艺更贴近人们的日常生活与消费，以花店里售卖的花束、花盒、开业花篮、新娘手捧花、宴会餐桌花艺、酒店大堂插花等形式广泛存在于人们生活中。

1.1 东方花艺历史

1.1.1 中国插花起源

中国插花的历史可谓源远流长。可以说中华民族有多久远的历史，关于花的历史就有多久远。

远古时期，由于人们对于未知世界的恐惧，进而诞生了对神明的敬畏，随之出现了祭祀文化。在敬神的贡品之中，鲜花有着举足轻重的地位与作用，巫师会用花来与神灵沟通。在中国福建一带的宗祠门楣上，至今仍保留着悬挂山茶花的习俗，无独有偶，日本的神社祭祀请神时，也会拿一枝山茶花，仿佛通过这种行为，神便会从花上降临人间。

值得一提的是中华民族的"中华"之义。"中"字不用说，我们的祖先认为我们居住在世界的中央，而"华"字，据《说文》解释，"华"为"木荣"，中原民族古称"华夏"，《说文》谓："夏，中国之人也"。"夏"是族称，是代名词，"华夏"的"华"是名词作形容词，用以修饰"夏"。按照字面的意思，"华夏民族"应理解为草木繁荣的夏族。更有趣的是，古语中，"华"同"花"，即花朵之意。"华"的繁体字，上面是"垂"字（图1-2），像花叶下垂形状，本义为"花"。从"华"字来看，历史悠久的中华民族是一个爱花的民族，从诞生之日起就是与花相伴的。

中国对花事的应用记载可追溯到先秦时代，黄河流域的《诗经》是我国最古老的诗歌集，也是世界上硕果仅存的古老诗集之一。在《诗经》中，近一半的内容中提到了

图1-2 华的繁体字

花草，并借花草之美，用赋、比、兴的艺术手法讴歌了人生的美好，鞭挞了社会的不公。当然，其中也展现出了许多民间赏玩花草之美的情景，如：

《郑风·溱洧》

"溱与洧，方涣涣兮。士与女，方秉蕑兮。女曰观乎？士曰既且。且往观乎？洧之外，洵訏且乐。维士与女，伊其相谑，赠之以芍药。

溱与洧，浏其清矣。士与女，殷其盈兮。女曰观乎？士曰既且。且往观乎？洧之外，洵訏且乐。维士与女，伊其将谑，赠之以芍药。"

这首诗歌描述了民间三月上巳节的风俗：这一天青年男女们都会相约去河边游玩，男士用芍药花赠予心仪的姑娘，以表达爱意。这是芍药花作为中国的情人之花，像西方玫瑰一样传递爱情最早的记录，同时也是花作为精神层面的最早记载。

同时期的南方楚文化中，《楚辞》中提到的花草也相当多，并对各类花草做了区分。香木、香草类，比喻忠贞；恶草、恶木，比喻谗佞小人；至于吃、喝香木，则或挂或穿成串，或赏玩或佩戴于身，以至演变成以后的簪花、戴花、插花等诸多花艺形式与活动。

这些文学作品说明，花文化在先秦时代已徐徐展开。

汉惠帝（公元前194—前188）时，皇后张氏"于宫中杂植梅、兰、桂、菊、芍药、芙蓉之属，躬自浇灌。每诸花秀发，罗置左右，异香满室。其寝榻及文几陈设精绝，不许侍女近之，恶其不洁也"。说明在大约2200年前的西汉，在宫中已开始流行摆设盆花和盛行插花。后世考古发现的河北望都东汉古墓墓道壁画（文后彩图1-2）佐证了上述文字记载的可信性。

魏晋南北朝时期，除赏花外，更有风靡一时的聚芳、图花等各种与花卉有关的习俗。人造花（时称"彩花"）也开始在这一时期出现并流行，梁鲍泉《咏剪彩花》云："花生剪刀里，从来讶逼真，风动虽难落，蜂飞欲向人，不知今日后，谁能逆作春。"百姓也有以此为业的。

人造花在现代则表现为绢花、仿真花、纸花、干花制品、永生花类等。除了有专门售卖鲜切花的花市外，有些城市还有专门售卖人造花的市场。而人造花因其持久性，被广泛用于家装、商业布置、橱窗装饰等，同时有很多花艺师也会用仿真花与鲜花相结合的形式去创作作品，通常酒店大堂装饰以及展会装饰均会用到此类设计。

隋唐时期的社会繁荣，促使了文化的大力发展，也造就了当时插花艺术的盛行与全面发展，当时中国的插花艺术开始有了系统的技术手法和规定，民间除了摘花、戴花的盛行，也出现了专门以种花为业的种花师。种花师的出现带来的是种花技艺的改良与种花理论的出现。

供需关系影响经济走向，种花技艺的提高，带动了花卉业的发展，大量的鲜花源源不断地产出，普通农家也出现了种花、卖花为生的卖花郎，因此有了花市的雏形。

当时卖花者先将花枝剪下，然后洒水泥封，力求鲜花如故。大的花单放，小的则捆扎成束，在路旁搭建帐篷防风防晒，摆摊售卖。花因品种、个头、颜色不同而价格亦不同。这和后世的花市鲜花售卖方式惊人的相似。

除了隋代的花木种植法，唐代出现了第一本有真正意义的插花理论作品——《花九锡》。"九锡"就是九个程序。罗虬所著的《花九锡》以牡丹花为主角，点出了插花的所有要素，系统地对插花所用工具、放置场所、养护水质、几架形状以及挂画做了严格规定。除此之外，在插花和欣赏过程中，还要谱曲、咏诗讴歌，再饮美酒方能尽兴，从而达到视觉、听觉多方面满足的效果。《花九锡》因此成为后代插花艺术发展的基础。

这一时期，人造花的应用已日渐广泛。新疆吐鲁番阿斯塔那出土的文物中发现一束人造绢花（文后彩图1-3），以萱草、石竹等花卉形象组合，制作精细，花色艳丽，仿真程度很高。

到了晚唐，插花风气益盛，人们不仅在花瓶等器皿里插花，而且也流行在头上插花，插花艺术已不仅是在宫廷与文人雅客间流行，而且也深入到民间生活中。甚至出现了人称"移春槛"的花车原型，这与当时唐朝人民生活富足安逸，百姓追求美的享受有关。所谓"移春槛"即将百花盛开的春天装在槛车里，四处移动，让人观看的意思。这种富贵人家在春天时，以插花及盆栽装饰好平板车，让人牵或推着大街小巷四处展示，让人们欣赏、品评，也有借机炫耀，与其他家比试的习俗，与后世的花车巡游类似。它的出现，对后世影响深远，现代花艺作品里的花车（文后彩图1-4）、鲜花售卖车等形式，原来在唐朝就已经有了。

五代十国时期，大量外来文化的涌入，使人们产生了新的思想，文化、绘画都开始求新、求变。而插花作为人们表达内心思想、追求自由的精神寄托方式，不再拘泥于形式，讲究花材和花器的新奇名贵。在花器上，突破了"盘"与"瓶"的限制，趋向于使用日常生活中随处可见的竹筒、黑漆器、吊盘、挂筒之类的器物，以作自由的表现。至此，继盘花、瓶花后，又出现了吊花、壁挂花、竹筒花等插花形式；在花材选择上也更随意，甚至于在山野田间就地取材，野花野草都能用作插花，由此使插花艺术得到了解放，诞生了以"自由花"为形式的更奔放自由的表现方法，插花艺术开始向高雅化发展。

宫廷之中，插花依然盛行。南唐李煜李后主除了人们熟知的诗文、绘画外，对插花界也贡献颇多。李煜爱好花草，每至盛春，他都要广泛搜罗名花异卉，举办名曰"锦洞天"的插花会。

这种犹如现代的大型插花展览会，是我国历史上记录最早且最盛大的插花定期展览会。现今每年5月举办的中国国际花卉园艺展就是这样盛大的展会，一年在北京，一年在上海举办，连续展览3天，盛况空前，展会包括鲜切花的新品种展示、园艺庭院用具、新技术以及盛大的花艺表演和花艺讲座等，是行业内人员梦寐以求的盛会。至于"锦洞天"的形式也不时出现于展会，甚至有花艺师以"锦洞天"（文后彩图1-5）之名所做的花艺作品在展会上展出。

另外值得一提的是五代时郭江洲贡献的花器改良技术，发明了"占景盘"（图1-3）。占景盘于剑山发明之前，无论多大的盘也可以让花枝直立，并尽可能多地插直立花草，表现花的意境，这是插花技术的一大进步。

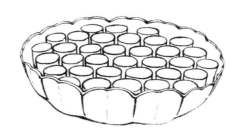

图1-3　占景盘想象图

如果说插花开始为文人雅客与百姓们一同津津乐道的隋唐是插花的发展时期，那么宋代则是插花的鼎盛时期。这一时期插花艺术从过去的生活情趣，逐渐变为生活不可缺少的一部分，在文人们的大力推动下，插花成了"生活四艺"之一，与焚香、点茶、挂画一起融入人们的生活，插花艺术成为人们生活中一门必不可少的"显学"。

宋人对花有着超乎寻常的感知，对品花、花性的研究也甚有成就，例如耳熟能详的周敦颐《爱莲说》："菊，花之隐逸者也；牡丹，花之富贵者也；莲，花之君子也。"此类种种，影响后世深远。而这类对花的评价，还常将花拟人化，用花性来巧妙地喻人、喻物。

由于鉴古风气大盛，文人间开始提倡古董器的插花，同时，专为插花设计新花器的做法也风行一时。柴、汝、官、哥、定等名窑产品乃至藤竹花篮、太湖石花台等更为插花艺术的发展提供了多种选择与新的感官享受，如南宋李嵩的《花篮图》（文后彩图1-6），花篮制作精巧，造型精致美观，花篮上精美的花纹，编织出半开或盛开的秋葵、石榴、栀子、百合等，色彩艳丽，错落有致。同时新器皿的广泛采用也直接促进了当时手工业的发展。

中国人爱花由来已久。到了宋代，赏花、插花更成为生活中的赏心乐事。在酒楼、客栈、茶坊等地，随处可见随四季变化的插花摆饰，到了春季，许多大都市的人们还争睹"蝴蝶会""万花会"等盛大的花会活动。民间如此，宫廷亦然。

历史总是螺旋发展的，有高峰，也有低谷。如果把隋唐比做插花艺术发展的肥沃土壤，那么宋代便是春风化雨的当令时节，到了元代，则变成了一把熊熊燃烧的大火，短短几十年的蒙元统治期，对以汉民族为文化主体的花艺文化来说，无疑是灭顶之灾。

元代的花事因此只在一些隐居深山避世的文人雅士、位高权贵的士大夫以及山庙中的僧侣中勉强维持下来。而花事之中处处表现为对宋的追惜与向往，借花喻世，抒发心中苦闷之情与浓烈的复古之意。此时的插花，成了文人们表达内心不满、企盼冲破人间枷锁的心灵寄托方式，因而出现了"心象花"或"自由花"的插花风格。

元代程棨在姚伯声"花三十客"的基础上，将腊梅改为久客，琼花改为尊客，木槿改为庄客，石榴改为霞天客，棣棠改为和客，另增二十花，合称为"五十客"。"花五十客"受宋代借花言志的影响，是元代人们不敢表达内心真实感情的社会形态下，借花寄情，以花喻人、喻事的产物。后人所说的"花语"，即从此而来。例如钱选绘的吊篮式插花（文后彩图1-7），在吊篮上放两个瓷罐，罐里分别装满金桂和银桂，上搭一枝三折形，如意式的桂花枝条，暗示金贵、银贵，不如自在如意贵。反映人们祈求安定、和平、自由的愿望。在统治者的高压政策下，元代成为历代花卉语言延用最广泛的时代。

至于元代的插花风格，也因"自由花""心象花"而产生较大变化，花瓶、花器中开始因元代战事的东征西进出现舶来品，花材、配材也开始不拘于花草而出现珊瑚、灵芝、如意、孔雀屏、挂笺、水果等特殊材料（文后彩图1-8），插花更多地表现出内心的感性世界，是元代插花的最大特色。

明朝是中国最后一个汉人统治的封建王朝。这一时期，由于政治与文化的发展，文化人对自身与社会的反思达到一个空前的高度，插花潮流由前代的宫廷主导转变为民间文人之间的追逐。明代是插花艺术复兴、繁荣、昌盛和成熟的时期，在技艺和理论上都形成了完整的体系。明代初期，受宋代理学影响，插花以中立式厅堂插花为主，这种插花形式造型丰满，寓意深邃。明代中期的插花则追求简洁清新，色彩淡雅，疏枝散点，朴实生动，不喜豪华富贵。明代晚期是中国历史上插花艺术发展的鼎盛时期，这时的插花讲究俯仰高下，疏密斜正，各具意态，得画家写生折枝之妙，方有天趣。常用如意、灵芝、珊瑚等装点插花，构图严谨，注意花材同容器的比例关系。

清代政治上对汉文化的依赖，促进了经济的蓬勃发展与人们生活的富裕，令整个社会风气从宫廷至民间多崇尚奢华，南北方园林建设、花木种植、插花、绘画艺术因此而盛极一时。

宫廷中，帝王对园林的追求达到极致，圆明园、颐和园、承德避暑山庄等皆兴建于此时。上行下效之下，士大夫们也多追求园林之美，江南的狮子林、拙政园、沧浪亭、冯园（海盐县绮园）多为代表。至于民间，百姓们爱花风气亦逐渐复苏，花田药圃不少，沿街叫卖鲜花的也有之。北京以丰台为花卉中心，号称"花乡"，清代赏花售花风气大盛，甚至于因为花的交易，而形成了一种叫"花券"的契约，类似于今天的订货单。

凡此种种，带动了民间盆栽花业的发展，在清初时期，多以"品鉴"为主，盆栽花因花成形往往费时数年之久，导致花价昂贵，而人们却对此趋之若鹜。此时期，盆栽艺术凌驾于插花之上，更受人们关注。

民间插花，值得一提的是文人间的插花游赏。李渔在其著作《闲情偶寄》中，记载了多达几十种被称之为"撒"（文后彩图1-9）的器皿，这些"撒"被用来固定花枝，在今天仍然广泛应用于中国插花（文后彩图1-10）之中；而类似"剑山"的发明，以及用铁丝穿插固定曲枝的方法，堪称现代插花之经典，直至现代花艺教学中仍在应用。

清末民初，中华民族遭遇了千年未有之浩劫，插花所见寥寥，仅偶尔在寺庙的供桌上摆放或被引用在绘画、刺绣、家具图案中。实际上中国插花此刻已消失殆尽。与此同时，日本花道却随日军的铁蹄敲开了中国的国门，池坊、草月流、小原流等流派在中国流行开来。

至于现代插花，由于历史的原因，在中国直到20世纪80年代，才开始有所复苏。但因为历史断档等原因，现代插花艺术在中国的发展，已很少有人追求中国古代文人插花的内涵，人们追求的是西方花艺的时尚、日本花道的传统。一般普通民众很难了解到中国插花的渊源与精髓，更谈不上热爱与学习，这与教室遍及全世界的日本花道，形成了鲜明的对比。

值得欣喜的是，进入新世纪以后，随着改革开放的步伐不断加大、加快，中国经济快速发展，使华夏大地再次拥有了花艺的滋润土壤。伴随着生活的富足，人民群众追求精神生活的呼声也越来越高，花艺、插花作为一种高雅的艺术形式被越来越多的人接受和追捧。不同花艺书的大量印刷出版，花艺学校花艺人的努力教授，花店与花艺师如雨后春笋般的涌现，各类花艺大赛与花艺交流活动日益频繁的盛况，无一不在彰显着中国花艺正在面临一个伟大复兴的时代。但复兴与发展之路任重道远，仍需我辈为之努力奋斗。

1.1.2 日本花道

说起东方花艺，不得不提日本花道。

日本花道是东方插花的一支重要支脉，虽如前文所述，日本插花起源于中国隋唐时期，但日本插花经由本土人文演变传承，已形成日本特有、与中式插花又有所区别的日本花道艺术。

现代的日本花道有众多流派，其中以"池坊流""小原流""草月流"三大流派最著名，其插花人员众多，在中国也有众多的爱好者。

（1）池坊流

"池坊流"应该算日本花道中最早的流派了。

早期的池坊插花或者说专务时代的插花和中国早前的佛前供花一样，并没有过多的章法，不过是把看到的花枝摘下投放到花瓶中，以示虔诚供于佛前而已，故被称为"投入花"，花材大多以莲花为主（文后彩图1-11）。现代池坊插花如文后彩图1-12所示。

（2）小原流

"小原流"以色彩插花和写景插花为主。用"盛花"的出现打破了立于瓶中及投花于瓶中的传统插花方法。因为易于学习并与西方现代形式能够很好结合，"小原流"迅速成为流行的家庭插花形式（文后彩图1-13）。"小原流"同时采用了广收学生、集体教学的方式，让普通大众能够学习花道，因而具有广泛的群众基础，一跃成为日本三大主流花道之一。

与此同时，云心创造的"剑山"也被全世界广泛使用，在"小原流"推出"盛花"形式后，各流派相继推出"盛花""瓶花""自由花"等表现形式。

（3）草月流

敕使河原苍风创建了现代派别的"草月流"（文后彩图1-14）。"草月流"以自由奔放为特色，比起插花的技术，更注重插花的心态。"自由花"是"草月流"的代表，插花着眼于现代生活，注重雕刻、造型之美，各类花材与表现手法兼收并蓄。在花材使用方面，除了鲜花外，还配以干燥的、染色的、枯萎的植物，甚至剥了皮的木头等，以此描写一个变化多端、五彩缤纷的世界。强调的美是夸张的、富于想象的、自由的、尊重内心感受的。

日本花道现在有三千多个流派，每个流派都有独具一格之处，较大的流派都在世界各地建立了分支机构与教学处，其中以"池坊流""小原流""草月流"最为著名，我国目前就有"小原流"杭州支部、"池坊"花道北京支部、上海支部等。

回顾东方插花发展史，每个时期都打上了时代的烙印，我们应该充分吸收前人思想，心存热爱，在继承发扬传统文化的基础上，努力开拓新的插花形式，让插花艺术重新大放异彩，这是吾辈插花人应为之奋斗与努力的目标。

1.2　西方花艺历史

西方插花起源于地中海沿岸的古埃及和古希腊。睡莲在古埃及被作为神圣之花，当时尼罗河中开满了睡莲，宫廷之中也会有女性拿来插花。古希腊神话里也有众多花草与众神象征的故事，例如关于月桂树的。月桂树是一种常绿树，四季常青，盛开淡黄色小花，在古希腊时代，人们把月桂树当作是荣誉的象征。

古巴比伦王国的空中花园，更是闻名古今，被誉为"世界七大奇观"之一。不过，空中花园早已损毁，如今人们只能在想象中去复原这座伟大的建筑了（文后彩图1-15）。

欧洲人生性洒脱、奔放的性格也在对花卉和大自然的喜爱中表现得淋漓尽致。很多人家开园辟地，在自家的房前屋后造花园、种植花草树木，也会把院中的鲜花采摘下来插在花瓶里，摆在屋内美化家居。同时人们在走亲访友、参加节日庆典或婚礼时，也都会带一把鲜花或把花簪到头上、胸前，当时，欧洲人的爱花已成为生活中的一种常态。

18至19世纪，由于资本主义在欧洲各国发展迅速，使得殖民势力不断地扩张，从世界各国掠夺来的财富快速的流向欧洲。经济的富裕使得欧美人具有了较多的闲暇时间，去从事园艺活动和家庭装饰，插花作为一种文明、风雅的时髦爱好得到广泛普及。

我们从西方的绘画中不难看出，这一时期的插花呈现出一种富丽堂皇的贵族奢华气息。插花作为一种简便易行的艺术活动，丰富了人们的日常生活，增添了生活情趣，同时也引起了艺术家们的关注，成为其画中的主角。著名的梵高画作《向日葵》正是其中最具代表性的瓶花题材画作。

值得一提的是，在这一时期，中国花木被西方人大量移植，中国为世界各国提供了丰富的花卉果木资源，连西方学者都不得不承认中国是"世界园林之母"。

现代西方插花艺术呈现出多种多样的发展趋势，这与西方人热烈奔放又崇尚自由的性格或许不无关系。花店里的花束包装以自然清新为主，很少有夸张或过多的包装纸，而户外婚礼流行的森系也说明西方人崇尚自然之风。在插花上，不再局限于传统的几何式插花，而是出现了具有强烈时代感的自由式、组合式、抽象式插花形式。插花所用的材料也不再局限于花草树木果实，而是创造与突破性的运用一些例如纸张、铁丝、金属、砖石、塑料等材料，和鲜花一起组成结构式插花作品，表现的张力感极强，我们称之为"架构插花"。此外，商业插花也被广泛应用，室外大型插花、极具装饰性的舞台花卉与橱窗花艺都极为流行，各种商业性插花表演、大型插花比赛、花卉园艺展等非常具有特色的花艺活动层出不穷。花艺的流行带动了鲜花产业链条的发展，荷兰、法国、厄瓜多尔等国由此作为花卉生产大国而世界闻名。

第 2 章

中国鲜花市场发展变迁

2.1 现代花市

（1）北京南四环花市

北京的南四环及丰台一带在现代依然被称为"花乡"。该处花卉种植业发达，并在北京有占地非常广的一片销售中心，为北京人所熟知（文后彩图2-1）。

（2）东风国际花卉市场

2018年3月，北京星火西路的市场因为周边改造等原因被拆除。大部分商户搬迁至来广营东路新市场（文后彩图2-2），另外一小部分商户则不知去向。

（3）日照花市

山东日照的花市（文后彩图2-3）为三级市场，主要面对当地普通市民，以售卖鲜花绿植、盆栽为主，市场琳琅满目，价格大部分都在普通民众能够接受的范围内。

（4）厦门花市

厦门的花市（文后彩图2-4）为当地二级专业市场，主要面对花艺师群体，供应当地鲜切花，同时也向当地市民开放，因此花市经营呈现种类多样化。由于厦门是人们喜爱的浪漫旅游城市，当地的花市经过经营者的精心布置后，令厦门的花市别具特色。

全国的一线城市都有花卉市场，总体大致相同。只因南北地域原因和本地花材的不同使得价格和品种上有些差别。目前，很多经济发达、人口较多的二三线城市，甚至是县城、乡镇，也都有了花卉市场，只是规模和经营上有所区别而已。

2.2　昆明斗南花市

说到中国的现代花市，不得不提到昆明的斗南花市。这个花市可以说是近年来全国范围内体量最大，交易最多、最频繁，鲜花品种最全的专业花市，当属全国第一，同时在世界鲜花市场上也名列前茅。

斗南花市位于云南昆明市呈贡区，由花花世界花艺资材、永生花及仿真花交易大厅、新斗南鲜花拍卖市场、老斗南鲜花拍卖市场、鲜花交易市场以及外围鲜花售卖摊位六个区块组成，每个个体看似单独存在，互不关联，却无形之中紧密联系在一起，构成了一个完整的斗南花市。少了其中任何一个板块，斗南花市都是不完整的。只有真正到当地去体验一番，才能感受到斗南花市之大，才能感受到当代鲜花产业发展之壮观，才能感受到整个鲜花产业之种类丰富与多样性。

花花世界交易大厅上下几层楼，大厅里有电梯。这里商户林立，每家都在售卖仿真花、永生花、干花、花艺资材甚至于香薰制品（文后彩图2-5）。各家的质量和价格参差不齐，需要靠眼力与经验去挑选，遇到适合的商家可以建立联系留下联系方式，商家可以直接发货到全国各地。

花花世界打烊后，外围花市（文后彩图2-6）开始有花农陆续抵达与准备，从下午6点开始到晚上8点达到高峰，在鲜花交易市场的外围马路与街道上，成摞成堆成捆地堆满了各种各样的鲜花，以草花辅花为主，叶材为辅，也会有进口花卉售卖。各种小推车、平板车、摩托车以及小货车，上面都塞满了鲜花，砍价叫卖声不绝于耳，鲜花堆得道路水泄不通，只能勉强下脚，如果你选购的花材太多，可能无法抱着它们在花儿中间安全穿行。

最值得一提的是斗南的昆明国际花卉拍卖交易中心，即新拍卖市场（图2-1），也就是我们通常所说的拍市。过去这个拍市只有一场晚拍，后来为了满足需求而改成上午与下午各一场，时间虽然有所变化，但拍市的内容并没有变化。

拍市分上下两层，第一层是鲜花存放区（图2-2），在拍市开始前可以先验货。

所有的花被整齐地码放在四轮的双层小拖车上，5扎花为一箱，9箱为一层，花头朝上露出，车上标着谁家的什么品种、什么等级的花。

图2-1　新拍市，昆明国际花卉拍卖交易中心的大字在漆黑的夜晚格外醒目

图2-2　新拍市的一楼鲜花大厅，拍花前可以去查看鲜花的质量，并记录下将要参拍的花卉名称及提供商

二楼是拍市真正的核心所在，从那里可以看到一楼大厅中的鲜花。二楼拍卖大厅（图2-3）看起来就像个阶梯教室，只是更大，坐的人更多。14排座位，每两人一张桌，可以容纳上百人同时参与竞拍。每个座位上有一个小型的类似计算器的触点按钮屏，供参拍人员拍花使用，座位正前方的

图2-3　二楼拍市交易厅，座无虚席的交易厅大部分拍手都为男性，眼疾手快是必备绝技

6块大型电子屏幕上，不断滚动播出着每一车花的信息，速度飞快，需要参拍者眼疾手快，再加上运气的成分，方能拍下心仪的花。

电子屏（图2-4）正中是一个像时钟一般的滚轮，花的价格就在上面随时滚动变化，滚轮旁边则标着花的等级、数量、供花商等信息。花的价格以每枝价格为准，每扎花为20枝，5扎起拍，即每次拍下的花至少为100枝。由于对参拍者的眼疾手快及熟练程度有要求，所以多数参拍者为职业拍手，专门在拍市拍花，大部分为男性。

图2-4 交易大厅电子屏，六面大屏幕不停滚动着，花的等级、起拍价格、品质、名称等均显示在屏幕上，下方的鲜花展示车自动并快速高效地运转着，对应着屏幕上闪烁的鲜花名称

除了拍市外，另一个重要的地方是鲜花交易大厅，又叫斗南国际花卉中心（图2-5）。这里分上下三层楼，二、三楼面积很小，主要经营小型多肉植物。一楼大厅里也像星火西路的花市一样，区域区分明显，有小菊区域、

图2-5 夜晚的斗南国际花卉中心

玫瑰类区域、百合区域等。这里的玫瑰花主要是从拍市抢拍下来的，很多花商在拍市没有拍到好玫瑰，往往会到这个大厅碰碰运气，这里的价格当然要比拍市贵一些，但好在这里可以只买一扎花。交易大厅（文后彩图2-7）人流量较大，花农、花商众多，从晚上七八点开始，一直持续到深夜，花不卖完商户不回家。

斗南花市白天静悄悄，花商们要么去基地收花了，要么因为持续的熬夜身体疲惫正在补眠。只有在夜幕降临后，花市才会呈现出热火朝天的繁忙景象。这些购买活动游人很少参与，多数都是花商们把花买下，再发往全国各地的花市，或者直接送到花店店主手中，还有一些骑着电瓶车买花，或开着货车买花的，多为当地花店所为。这种热闹会一直持续到深夜，与其说是花市，不如称为夜市更贴切。热闹非凡的斗南花市，形成了云南一个非常大的经济产业链，它连接着全国各地的花市、花店，又通过它们，把花送到千家万户。

2.3　新兴网络花市

现代社会由于网络的发达，移动支付平台的方便快捷，已经出现了新兴的网络花市。网络花市的出现，打破了过去单一化的鲜花采购方式，让花店从业者们的选择更加多样化，购花也更方便快捷，足不出户就能远程采购云南，甚至世界各地的鲜花，因此受到花店业者们越来越多的关注。

网络花市比较有名的有花某网、花某美、花某宝等手机App软件以及微信小程序，只需要在上面注册，即可下单选购鲜花。这里不仅鲜花种类较丰富，价格也比从当地鲜花批发商处购买要便宜得多，甚至会比直接从云南花商那里购买便宜。

这类网络花市的缺点是鲜花质量难以保证，售后难以得到解决，需要慧眼独具才行。另一个问题是运输无法控制，因为鲜花行业都是先付款后发货或后制作，有时会因为飞机延误等原因，导致鲜花不能及时运抵影响使用。因此在利用网络花市大批量选购鲜花时，需要提前预定，算好到货的时间，防止出现这边急等着用花，花却迟迟不到的情况出现。另外还需要注意的是，在网络花市购花，除了鲜花本身的价格外，一般还要加上打包、装箱和运输费用，如果购买的鲜花数量能凑够一箱或一箱以上，每枝花平摊下来，价格还比较合适。如果是零散进货，买几扎或几枝鲜花，就算卖家愿意发货，费用算下来，价格恐怕比直接到当地鲜花批发商那里拿货更高。这种既不方便，价格又不合算的事情还是少做为好。

第**3**章

真实的花店

　　我编写这本书的时候，正值电视剧《一千零一夜》在网络上热播，这其实是一部爱情剧，但里面人物的背景被设计成是花艺师，因此剧中不免有很多花艺的场景与镜头，看上去非常的美好与浪漫。我们都知道"艺术源于生活又高于生活"这句话，往往影视作品会过分夸大和美化真实的生活，那么，现实中的花艺行业或者花店业与电视剧的差距到底会有多大呢？作为花卉产业的终端，花农种植的花通过花市、花商等流通环节到达花店，再到顾客的手里，花儿发生了哪些变化？真实的花店到底是怎样的，是不是真像电视剧表现得那么美好，是不是真的像人们想象得那么浪漫，是不是真的像姑娘们梦想中的那样，是不是开了花店就过上了浪漫有趣的生活了呢？

　　我认识的一个朋友，她觉得鲜花很美，便想自己开家花店：可以一边插花，一边跟朋友喝喝茶聊聊天，既能挣钱又很浪漫，工作也很轻松，玩着就把钱挣了。这么美好的事，简直就像电视剧里演的那样，简直就是人生大赢家。

　　于是，她凭借自己的眼光选中了一家新交房的高档社区底商，上下两层楼100平方米的铺面，毫不迟疑地把店铺租下来后，让老公帮忙盯着装修，自己上网搜到一家花艺培训学校，然后就出门学习去了。学成归来后，花店顺利地开张了。

　　开花店半年后，我在店里见到了她。时值冬天，晚上6点天已经很黑了。店里没有顾客，她正忙碌又慌乱地把包装纸往插花"神器"上缠裹，以期望能简单点包好一束花，而这个"神器"上一枝花都没有。我与她打招呼，她都顾不上抬头，一边说话一边乱七八糟地缠着包装纸，我实在看不过眼，接过她手里的工作，她这才有空跟我说话。

原来她接了一个其他花店转过来的订单：10枝百合外加3枝向日葵的花束，共100元。我知道这样的花束，这种价格根本就不赚钱，甚至有可能赔钱，便问她怎么会接一个这么便宜的订单？她跟我说开了花店后，才发现自己原先学到的那点可怜的花艺技术根本不够用，应付不了场面，只能再继续去学习。出门前要提前把店里的鲜花出清，如不接别人转过来的订单，没有办法清空店里的花。

我看着她店里乱成一片，连个包花束的地方都没有，再看看店里存放的大批已经陆续开放，眼看就要错过最佳销售期限的鲜花，只能同情地叹气。

包好花束后，她按照订单的地址选择同城送花，可是新小区周边没有派送员，她等了半小时都没有人接单，而她的派单花店已经开始催她送花。我提醒她可以叫滴滴打车送花，一样很快，于是她选了滴滴送花。

事情真是一波三折，她叫滴滴送花却输错了收花人的地址，滴滴司机到了指定位置，找不到顾客，顾客高高兴兴地下楼，在寒风中等了半小时也没等到送来的鲜花。于是双方一齐打电话责怪她，这时她才发现情况不对，再两边打电话协调。等花终于送到顾客手中时，已经是晚上10点钟了。这通忙乱不仅耽误了我们吃晚饭的时间，而且惹得转单的上家花店、滴滴司机和顾客都不满意，而她这一单生意不但一分没赚，还赔了不少。

吃着迟来的晚饭时，我问她，看她如此不专业的手法，是怎么想起开花店的，学了多久的花艺。她面露尴尬，把手中茶杯里的茶一饮而尽后，才跟我娓娓道来。她说她真的是凭想象就开了这家花店，店面租下来后，才去学的花艺，结果被人骗了。她在山东某家以加盟的方式缴纳了5万元的加盟费后，学了一周的花艺，就回来开店了。花店里所有的鲜花保鲜柜、花材、花艺资材都是在那家进的，开始时不知道，后来才发现比别人都进得贵。

我问她，你自己不会包花怎么不雇一个专业花艺师呢？她说她都是在同城软件上找花艺师，好不容易找到了一个，但她觉得这位花艺师包得花不好看，而且花艺师也不乐意听她的，嫌她不专业。有时候没有顾客上门，花艺师也不帮助她打理花材，只有在她自己动手的时候，花艺师才想起来帮帮她或者给花换一下水。顾客上门，花艺师也不能按照顾客的要求包花，弄得顾客也不满意。她说她不是苛刻的老板，也答应要给花艺师涨工资，过年给福利，只是这样的花艺师她真的没法用，人家自己提出了辞职，她也就没有挽留让花艺师走了。现在招不到花艺师，她只好自己干，不会包花就凑合着包一包，好歹先把花店经营着。

我看她的花店装修成上下两层楼，二楼楼梯因为是螺旋设计，又陡又窄，便问她是怎么设计的花店。她说，本来她没想把花店设计成这样，是她出门学习期间，老公给找的装修队伍，人家没干过花店装修，也搞不懂花店与其他店铺有什么区别，就随便弄弄，于是店里就装修成这样了。本来二楼她计划留做活动场地，但现在没客人，自己也不会教，于是二楼就变成仓库了。我顺着又窄又陡的楼梯，小心翼翼地上二楼去看一下，发现二楼空间很大。如果不是这个难爬的楼梯，会有很大利用价值，现在却堆满了杂物，不重新装修也就只能闲置了，很遗憾。

再问她花店生意怎么样，房租多少，她像打开了话匣子一般，一股脑地向我倒开了苦水，她说早认识我的话就好了，她一定不会开这个花店。她有一大一小两个孩子需要照顾，本来想着开花店既能够兼顾家庭又能干一番事业，但干起来才知道根本不是那么回事儿。这个花店一年房租6万元，装修不到10万元，加盟费花了5万元，加上杂七杂八的投入，已经超过20万元了。但是现在根本回不了本，孩子也顾不上管，花店因为自己不会花艺，也维持不下去。我问她，你有没有考虑不经营这个花店了，及时止损。她面露苦涩，这个花店她已经经营了半年，付出太多了，关了就是承认她失败了，开花店都做不好，还能做好什么？她不想关，还想努力经营它。我看着她瘦瘦的身材，泛黄的面容和干枯的头发，内心泛起一股酸涩，为她觉得惋惜。

进退两难就是她真实的写照，花店继续开下去，能不能收回成本，几年能收回，是一个未知数。更有可能投入的越多，最终赔得越多，而关了店，回家去相夫教子，她又不甘心。正如她所说的，关了店等于承认了她人生中一个大失败，既赔了钱，也没了面子。

这个故事里，女主人公犯了三个致命的错误：一是学艺不精，准备不足。被人忽悠只学了一周的花艺，就贸然开了花店。事到临头，才发现自己连束花也包不好，请来个花艺师，不仅指挥不动，人家还嫌弃她没水平，她也无法判断花艺师的水准，更不用说搞清花店的经营之道了。二是市场考察不够，进货、销售渠道等门路都没摸清，以至于加盟被骗，白白花费了昂贵的加盟费不说，进的资材、耗材等也比市价高，摊薄了利润，提高了成本，使花店难以为继。三是装修不合花店的要求，浪费了很大的空间不说，还把店面搞的杂乱无章，让顾客难以立足，进来了也没有好印象，无法吸引住顾客。

其实，把一个原本高档的店面经营成这样，问题一定不止这三方面，例如经营、服装、谈吐、形象等等，都会有问题，下面我们会一一谈到，希望能对有志于开花店，或已经开了花店的朋友有所帮助。

3.1　开花店的辛与苦

花艺师，到底是一个怎样的职业？

花艺师又称花艺设计师，是一种职业称谓。不是你开了一家花店，天天同鲜花打交道，也不是你爱花、赏花、摆弄花，就天然地是花艺师了。要想成为花艺师，是需要经过系统地培训学习，通过国家有关部门的考核认证后，才能取得等级资格证，从而跻身花艺师队伍的。

那么，花艺师是干什么的，或者说，花艺师的工作内容是什么？请看定义：**花艺师是通过花材的排列组合让花变得更加的赏心悦目，更可以体现花种蕴含的微妙心思，小到插花、造型、植物的摆放，大到酒店大堂、大楼中庭、小型庭院的设计，无不体现着自然与人的完美结合，形成花艺的独特语言，让欣赏者解读与感悟的花艺设计者。**

是不是有些绕，也有点长？得琢磨一下，才能搞明白？每当我用上述话语回答朋友们问我什么是花艺师的问题的时候，没有人能一下子就听明白。很多人还会对我说，你选择的这个职业真好，真浪漫。

3.1.1 想象中的花艺师

人们的想象中，花艺师是气质高雅、靓丽动人的。男花艺师神情应该略带忧伤，自带帅气逼人光环，举手投足间足以迷倒众生，挥一挥衣袖一片清香中蝴蝶飞起。就像电视剧中的美男子，慵懒潇洒地倚在花丛中，一缕阳光投射在身上，永远带着主角光环……

女花艺师身材极好又美丽，举止娴静文雅，如行走在满地花瓣中的林妹妹一般，一边插花一边浅吟低唱，一头飘逸柔顺的秀发从肩上滑落，抬头抚发的一瞬间，微笑亮花了你的眼，如水的目光瞬时打动了你的心……

男的帅，女的美。这大约就是众人心目中让人迷恋，又让人羡慕的花艺师的样了。

大多数的姑娘一定是这样幻想自己的花店的：清晨阳光透过巨大的落地窗照进店里，洒满店里每一个角落；花儿们娇艳欲滴地朝你露着笑脸。你把门打开，外面几只美丽的凤蝶飞进来，围绕着牡丹花飞舞；黄色的小鸟叽叽喳喳地在一角的花树上欢声歌唱；一只雪白的波斯猫高高地翘起尾巴，在花丛中走来走去；而你，坐在店里舒适的围椅上，用带着金边浮雕花的白瓷杯喝着香浓的咖啡。一切是那么的和谐，那么的美妙，一切都那么令人陶醉。你愿在鲜花丛中待上一天，困了就像史湘云醉卧花间一般在芍药花丛中睡上一觉，就像个睡美人一样。

3.1.2 现实中的花艺师

这一切只是你的想象，现实生活中真实的花艺师，形象是这样的：

（1）粗糙的双手

一个或一群围着围裙，蹲或坐在地上，弯腰屈背，两手染成草绿或五颜六色，低头摆弄着鲜花的"大妈"。她们偶尔抬头一笑，你会发现不仅发梢上，连脸颊上都有可能沾上了草叶，在花束扎好以前，你会怀疑她们手中的不是鲜花，而是一堆乱草。再看她们的"纤纤玉手"（文后彩图3-1），往往伤口密布，因为手时常被划破感染。许多花卉枝条上有刺，有的花刺还有毒，划破手就会肿，如玫瑰花。而玫瑰正是花店最常使用的花材，花艺师们几乎天天都要同它打交道，更不用说在情人节这一天打几百支玫瑰花刺，所以手被扎、被刺对于花艺师而言是家常便饭。

花艺师工作中不仅需要不停地接触剪刀、钳子等工具，还需要接触各种花泥、粗糙的纸板、干净或脏的凉水。接触最多的是各种花材：百合的花蕊是黄色的，粘在手上不好洗，花蕊摘多了，手就成了黄色的；高山积雪剪过后有白色汁液，不仅会弄得手黏糊糊的，还可能会过敏；小雏菊只用花，叶子都要用手撸下去；玫瑰花的刺会扎破手……有时候花艺师需要做一些造型创意的东西，往往没有卖现成的，只好自己动手做，会用到各种各样的工具：铁丝、木头、废弃物等等，这些东西在使用时一不小心就会伤到手。哪怕是从小横草不拿，竖草不拈的娇惯公主，一旦成了花艺师，几天的工夫，你就会拥有一双"铁砂掌"。

你可能会问为什么不戴手套？大部分时候，为了手的灵活度，花艺师们是不能戴手套的，所以受伤、手粗糙就难免了。

（2）邋遢的形象

她们会穿飘逸长裙，高跟鞋，V字领，有蕾丝花边的衣服并背着香奈儿包吗？不会，通常工作时的花艺师就是扎着围裙，袖子挽得高高的，腰上别个工具包，低头专注地工作。至于长裙，也许会穿，但只是防蚊虫叮咬而已。高跟鞋这种美丽的装备日常工作中是不会穿的，因为她们需要登高爬低，做大型活动时，有时一站就是几个甚至十几个小时，完全不可能穿高跟鞋的，除非做做样子拍张照片而已（文后彩图3-2）。

（3）一人分饰多角色的忙碌

那些刚开始创业的花艺师，可能自己经营着一家小店，没有更多的资金聘请帮手，那就需要一个人分饰多个角色：进货、收拾花材、包装、卖货、送货等等。倘若遇到类似情人节这样的节日，连续加班几天几夜也是家常便饭。也许你会觉得每天莳花弄草是一件很幸福很浪漫的事，当你整整一天、甚至几天都在处理大量的花草，打玫瑰花刺打到手软，剪花根剪到手疼的时候，你就不会觉得这是一件浪漫的事了。那时你的脑海里只会有一种想法：什么时候才能完活，好让我好好睡一觉……（文后彩图3-3）。

在节日里，你是不能睡的，因为接下来还需要泡花泥，包花束，做花盒……有一堆的事情在等着你去做。不去做，花材就会因为处理的不及时而坏掉，损耗过大意味着赔钱，而你承受不起巨大的损失。更重要的是，倘若你的顾客已经提前预定了花，你这一睡不仅耗损了花材，浪费了金钱，势必要重新进花，仍然要做本应要做的一切活计。

这真的是一件非常恐怖的事情，所有的一切都要亲力亲为，没人能帮得上你，因为只有你是专业的，你不会放心把专业的事情交给什么都不会的人去完成。在这样的情况下，支撑着你的，只有强大的意志力与不想把花店赔掉的心。那时候，你的脑海里完全不会想到你爱这个行业，你爱花艺，你梦想开一家花店等等。通常情况下，要么大脑已经疲惫的一片麻木，要么就只剩下后悔为什么要当花艺师，无数次的后悔为何要开花店（图3-1）。

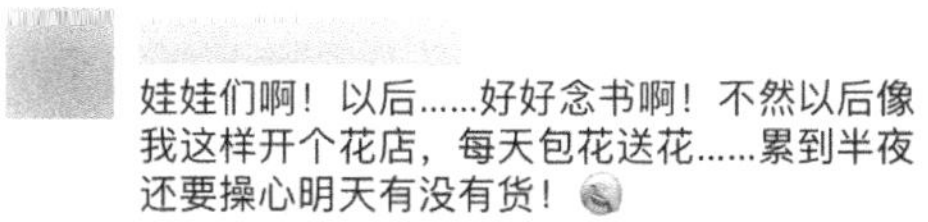

娃娃们啊！以后……好好念书啊！不然以后像我这样开个花店，每天包花送花……累到半夜还要操心明天有没有货！

图3-1　花艺师朋友圈半是开玩笑半是忠告

现代网络发达，快递行业网点密布，只要舍得花快递费，大城市以及二三线城市的花店不再需要出去送花，通过同城快递就能把花送到顾客手中，但如果你的花店经营维艰，或者，你的花店开在小县城，甚至在乡镇里，花店店主或花艺师就没有那么幸运了，她们可能一天中除了要处理花材、包装花束以外，还需要亲自送花上门。春秋季节还好，冬天冷风刺骨，顶风冒雪，夏天烈日炎炎，热浪袭人。学花艺的人或梦想开一家自己花店的多数是姑娘，还是梦想美好的姑娘，是否能承受这样的苦，这样的艰辛呢？

当你每天给花换水累到腰酸背痛的时候，是否会怀疑当初自己的选择？当你拿到批发来的花材，拆包的一瞬间，看见一只蜘蛛或毛毛虫之类时，你是否会吓得高声尖叫，把花材扔出去？当你为了装扮、布置一场婚礼，需要爬上两米高的脚手架，你会不会因恐惧而发抖？当你第一次使用电锯去锯一段木头，是否拿得动电锯并且不手抖？当你因为节日忙碌一天没吃饭没喝水时，是否会抱怨没有人帮忙？

这才是真实的花艺师的生活，真实的开花店的样子，电视剧里那都是为了表演效果。而你，是否做好了接受这一切的准备？

3.2　遇到挑剔奇葩的顾客

做生意，必然要笑脸相迎，来者都是客，都是上帝。但当你遇到挑剔又奇葩的顾客时你是否还能笑得出来？

例如：你自己扎的花束，明明各方面都好，自己也喜欢，但顾客就是不买账。左挑右挑，这枝花蔫了，那枝花颜色不好看，明明已经把花束扎紧了，又觉得这里应该换枝红的，那里应该加枝白色的花。这种挑剔的顾客在花店销售时是很容易遇到的。当你遇到时该怎么办？是一脸不耐烦，还是忍气吞声？是微笑面对，还是干脆怒怼回去？这些，都考验着一个花艺师的情商、智商，应对不好，会得罪顾客，应对得好，也许就会赢得一个忠实的顾客，你怎么选择？万一遇到你终于按顾客的要求把花束扎好，打好包装时，顾客却说有事，待会再来拿，然后走掉了的情况，你怎么办，把做好的花束拆了？万一顾客真回来呢？不拆？万一顾客真不回来呢？又或者某个顾客在你打好花束包装后，一问价，嫌贵，要你去掉这枝花、那颗果时，你又该怎么办？这些，其实并不是假设，而是真实存在于花店的日常销售中的，你如果没做好任何心理准备，贸然就进入了这个行业，开了一家花店，遇到这样的情况时，你是否能应对得了呢？

有个花店店主给我讲过这样一位奇葩的例子：某顾客想要挑几种花，做成花束送给妈妈。进了花店后，她先是向老板询问了店里每一种花材的价格，挨个儿砍了一遍价后，又再问了每一种花的花语，最后好不容易定下来用哪些花做花束了，等花束做好并包装好后，又觉得这些花搭配在一起不好看，挑剔一番后，说要出去一趟，等回来再拿花，之后就再也不见人了。这样的顾客虽然不会很多，但你开花店时也保不齐会碰到，那时你该怎么办？先不提这个花束是等着她，还是拆掉的问题，在她各种挑剔时，你是否能做到正常接待？是笑脸相迎，还是会不耐烦？她走了再不回来，你是泄愤骂她一顿，还是向其他的顾客抱怨一番？在开花店的过程中，其实类似这样的难缠顾客比比皆是，有时还会遇到没钱买，但又想送妈妈花的学生，该怎么办？如何在利益与自己的内心之间平衡？这些，都是一个店主需要提前做好心理准备的。

这些都是很实际的例子，在我们的开店生涯中算是小挫折，可能经常会遇到，甚至，有时还会遇到比这些糟心事更特殊的情况。想要开花店，必须要具备应对挫折的心态与挑战不怕困难的能力。在开店前一定要扪心自问，你能够承受住这样的艰辛与苦累，忍受顾客刁难，能够不抱怨并开心地把店开下去吗？你做好当一个花店店主的准备了吗？

3.3　开花店的甜与乐

看了上面的内容，或许会把你吓住，就此打消了开花店的念头。如果这样，那我祝贺你，你看了半本书，就止住了损失，没掉进坑里。因为这些内容就能吓住你，让你打了退堂鼓，那就说明你确实没有做好准备，花店对你来说，就是个坑，勉强去开，到时一定会后悔。

没吓住的读者，请接着往下看，你会越看越高兴。

事物总是有两面性，开花店虽然有很多的苦与痛，但也有更多的甜与乐，所以，现在花店才会越开越多，才会有那么多的人选择花艺师这个职业。

尽管开花店做花艺师的过程中时常会被花刺扎到痛呼出声；尽管有时接触到的花材里可能藏着一只虫子；尽管为了让第二天婚礼场地的完美呈现而一夜忙碌没睡……但当你拿起花，看到花儿美丽绽放的那一刻；闻到百合怡人的香气；蝴蝶被花香吸引过来，围在身边蹁跹飞舞的那一刻；当孩童好奇地拿着花，咯咯地开心大笑那一刻；当姑娘因为你做的花束露出甜蜜的笑容那一刻；当婚礼当天你布置的花艺呈现出完美的效果，使得新郎新娘宛如璧人一样那一刻，你的内心一定会充满喜悦与自豪，更会有满满的成就感。

（1）鲜花使人愉悦

鲜花就是这样神奇的东西，不论男女老少，都不会拒绝它带给人的愉悦心情。当一个姑娘因失恋而哭泣时，你送她一束花，她一定会忘记痛苦破涕为笑；当病人的床头放着一束盛开的鲜花时，病人的心情也会因此好起来，鼓励自己要战胜疾病，好好保重身体。这就是鲜花的力量，**赏心悦目，动人心魄，悦人心脾**。花儿就是这样神奇的存在，花艺师就是这样神奇的存在。

（2）鲜花治愈人心

很多人在开店前并不知道鲜花有**治愈人心**的功效，有人开店是为了赚钱，有人开店是为了成就自己的梦想，还有人开店是因为觉得鲜花行业很浪漫，不管出于哪种目的，开店后，都会因花儿而与顾客结缘，看到各种各样因花儿而开心的笑脸，**这实在是一种非常大的幸福，除了鲜花行业，再没有哪个行业、没有哪种销售行为，会让买卖做的这么舒服，卖的人开心，买的人更开心。**

这不是夸大其词，我就曾遇到并体验过这样的事情：几年前，我在北京做花艺时，有一位外地的母亲托我给她在北京上班的女儿定一束花，原因是女儿失恋了，正在伤心，妈妈很担心她，却无法陪在女儿身边安慰她，于是想到了花。这位妈妈要求在花束上附赠一张卡片，能够表达对女儿的关爱之情，但又希望不要署名。我挖空心思想到一句话，和顾客沟通后，写在了卡片上。至于写的是什么，我先不说。我只告诉你我把这一束精心制作的花束送到女儿所在的公司，亲手交给她女儿时的情形：这个已很憔悴、脸色晦暗的女孩先是惊愕，然后是手足无措，继而万分的惊喜，她捧着花束，用几分钟的时间才慢慢读完了卡片上的十几个字，一抹红晕渐渐显露在脸庞，这一刻，她显得无比的美丽。

后来她妈妈告诉我，女儿在接下来的一星期里，都处在开心之中。之后她又在我这里订过几次鲜花，女儿后来也知道花束是妈妈送给她的，也了解到妈妈那颗关爱她的心，明白了这个世界上除了爱情，还有其他的爱，还有很多美好的事物和关爱她的人，由此逐渐摆脱了失恋的阴影。那位妈妈因为这几束花给女儿带去的慰藉和巨大能量而欣慰不已，不仅对鲜花更加热爱，也因此成为了我的忠实顾客。

这是一个真实的案例，没有哪个女人在伤心时能拒绝一束花带来的开心，如果非要说有，那就再来一束。连我自己都会在心情糟糕时，在看到花的一瞬间而开心起来，可见花对人的**影响力与治愈力**。

（3）因为热爱而爱

或许，这就是很多人逐渐爱上花艺师这个行业的真正原因。你若问既然花艺师这么辛苦，你为什么还愿干？我可以大声地告诉你：因为我爱花，因为我喜欢用我的双手，创造一个鲜花构织的美丽世界。

在我的朋友圈里，我写过这样一段话：

每个花艺师都是能文能武的女汉子，我们能爬架子，能搬砖，有一手化腐朽为神奇的花艺技术，也是超级破坏王；我们是静如淑女的文艺女青年，我们也是动如狮子的狂野女汉子；我们是花艺师，也是民工，更是艺术家，也是"扛大个儿"的苦力。我们有头脑，我们也有一双粗糙的手。我们是爱花的花艺师。

花艺师要有一个**思路清晰的头脑**，因为需要计算花材，需要安排花艺工作，需要知道先做什么后做什么。花艺师也需要**有空间感**，因为在设计花艺作品、布置大型场地时，需要能想象出花儿要怎样布置，都放在哪儿。花艺师还需要**有色彩感**，因为花儿需要搭配才能更好看。最重要的，花艺师要有一颗能承受寂寞，能够耐心钻研的**热爱花艺的心**。

花艺师的苦与乐构成了一个真实花艺师、一个花店店主的生活，但这仅仅是一个缩影，在真正开店的过程中你会遇到更多的挑战，会有更多美好温馨又感人的瞬间，也会有更多的困难与苦果等着你。这些你不但要有充足的心理准备，还要有过硬的身体素质。只有在开店前有真正的心理准备，才能在遇到挫折时不放弃、不抛弃，迎难而上，只有做好了心理准备，才能坚持自己的梦想，才能让自己走得更远，飞得更高。有过硬的身体素质，才能走路带风，干活手脚麻利，头脑清晰，能适应熬夜加班。

第 **4** 章

花店到底挣不挣钱

既然做好了心理准备开一家花店，那么我们就来说一说实际的问题：开花店到底挣不挣钱，有哪些因素会消耗、分薄你的利润？

4.1　开花店支出

开花店有很多支出都会影响花店的盈利，如房租、人工、花的损耗等等，在开店过程中只有明确花店都有哪些支出并把花店支出控制在一定的范围内，开源节流才能从根本上令花店盈利。开花店的主要支出见图4-1。

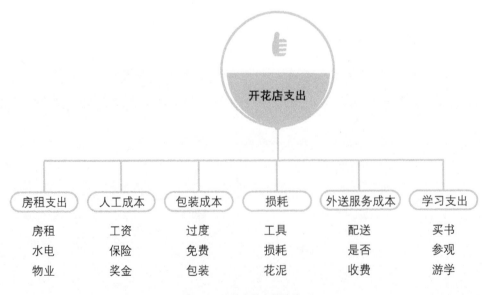

图4-1　开花店的主要支出

4.1.1 房租支出

首先应考虑房租因素，在大部分花店的开销中，房租会占到花店经营成本的50%以上，以房租一个月5000元为例，则一年店铺租金为6万元，加上水电费开销，一年在店铺本身上的花费将在7万元左右，那么在开这家花店时就要充分计算租金成本。

经营一家店不容易，如果店铺装修好只干一两年就经营不下去了，那肯定是赔了。房租每年都要付，也不会永远不涨价，一般每2~3年房租会上涨10%左右，因此我们在经营前应先做好规划，把房租充分计算在支出成本之内。或平摊至每个月完成，或利用旺季接大单时完成，或建立财务系统，单独设立银行卡，以每月存进定额房屋租金的方式把至少一年的店铺租金准备充分。这样才不至于在每年交房租的时候紧急筹措资金，甚至要动用花店的周转资金，影响了日常经营。开花店先要能把房租赚出来，并预存好，这是店主首要考量的重要经营指标。如果做不到，那很不幸，花店离关门不远了。

4.1.2 人工成本

开花店自然不能只有自己一个人，还需要有助手：以一个花艺助理为例，月薪3000元则一年工资支出3.6万元，过年再给发一个双薪，节假日加班再发个补助，一个助理工资一年最少支出4万元，那么与房租相加，一年已净支出11万元，这里还不包括自己的收入在内。

不要以为花艺助理可有可无，一个好的助理可以替你分担打理花材、换水、开闭店、送花等许多工作，分担你的辛劳，以便你有时间从花店日常事务中脱身出来，为花店寻找商机以及经营之道。在一个有一定规模的花店中，至少要有一名花艺助理，有时甚至需要2~3名花艺助理来协助你的工作，因此花店的另一大开销为人员费用支出。虽然昂贵但不可或缺，在用发放福利、奖金等途径来稳定花艺助理心态的同时，还需要帮助助理不断学习新东西、新技艺，这样才能稳定住队伍，长久留住人才。

4.1.3 包装成本

开花店还有一个隐形的支出，一般很少被计算在内，那就是各种包装材料。目前花店卖花总喜欢过度包装，花却舍不得多给顾客几枝，包装纸却非常舍得用。一束花包得里三层外三层的，仿佛不包得那么复杂，就不能显示出花艺技术高超，还美其名曰地告诉顾客，这样"显得大"（文后彩图4-1）。殊不知这样的过度包装，一方面造成了纸张的浪费，因为顾客拿回家后，包装几乎没什么用，往往会随手丢弃，另一方面也会造成成本的增加。

花店卖花一般按花的数量收费，很少收取包装费，但现在层出不穷的新款包装纸很贵，有的甚至一张纸要2元以上，这样的包装纸如果用到5张以上，至少在包装一项上就会损失掉5～10元的利润。这无疑大大增加了花店的成本。很多花店花卖得不少，也不少挣钱，可一年下来，一算账，却发现没赚多少钱。包装这个隐形的成本往往就是削薄花店利润的"罪魁祸首"。

花店的过度包装是非常浪费的一项纯支出，必须加以成本核算，将包装简化。现代社会求新求快，花艺更甚，不断有新包装盒、包装纸推出，式样及材料更新很快。不进新货或进少了，会令顾客失望，大量进货又会造成耗材堆积，如何合理的配比备货耗材，减少浪费，是每一个花店的"必修课"。

香港的花店就将花束简化包装做得很好，我在香港采访期间见到的花店售卖的花束都以突出鲜花为主而非包装纸，往往花束的包装仅仅用两三张纸来保护花束突出花束的美，并非用包装纸显得花束要多大（文后彩图4-2）。毕竟，顾客永远买的是花而非包装纸。在未来，这样的趋势也将流行回内地，鲜花也将回归其本源，顾客会明白其买的是花本身而非包装纸。当然，由于顾客习惯了用少量的钱买看起来显得大的花束，因此未来引导顾客改变观念的同时引领简化包装还需花店业主们的共同努力。

4.1.4 损耗

花艺工具的损坏、丢失，花泥等一次性消耗品的使用等都应算在耗材之内，摊入成本。

除了耗材之外，如果花材因养护、运输不当等原因造成无法使用，也会形成损耗，是店铺蒙受损失的另一个重要因素。鲜花养护周期一般按周计算，倘若一周之内鲜花无法卖掉，就会进入损耗之列。如一个店铺一周进一次货，每次按500元算，若损耗20%，即100元，就是很高的损耗了。花蔫了，因未吸上水，未开放就衰败了；盛开期已过，花还未卖出去，都将成为损耗。这样的损耗如何避免，如何通过销售、技术手段或用制作衍生品等方法延长鲜花的寿命降低损耗，应当纳入我们考虑的范畴之内。如果能把损耗降到最低，甚至做到零损耗，那无疑减少了店铺非常大的一项支出，同时也能够避免因看见鲜花日渐枯萎而导致店里的人心浮动，正所谓一举两得的开源节流的好方法。

4.1.5 外送服务成本

现代人已经习惯了快递上门，花店要不要外送，如何开展外送服务同样是一件值得探讨的问题。不外送会减少一大部分网络顾客，外送则人工、时间、成本等资源如何合理配置也是要考虑的。现代发达方便的同城速递，虽然可以分忧解难，但要注意快递之类的服务是否要向顾客收取外送费的问题，即什么样的订单、什么情况下收快递费，什么样的订单、什么情况下不收快递费，订货满多少免快递费等都要考虑清楚。只有合理使用外送服务，才能做到既让顾客满意，又能使销量增加，还能把外送成本控制在允许的范围内，以免得不偿失。

4.1.6 学习支出

花店还有另外一大隐形支出，即学习成本（图4-2）。作为一个新时代的花店，要想跟上时代潮流甚至引领潮流，就需要花店店主随时保持对行业的敏感性，不断学习新知识、新技艺。

图4-2 某花艺培训课程收费

更新知识体系，就意味着需要投入时间、精力与金钱，不断地学习知识、储备知识。包括购买阅读最新的花艺书籍，学习花艺提升课程，外出参观学习，参加花艺展览、展销等活动，甚至于去国外游学等等。除了自己要学习外，还需要送店员去学习新知识、新技术，只有保持随时学习的心态，时刻更新知识，才能让你的花店在众多的同行中脱颖而出，立于不败之地。但这也意味着资金成本的投入，这项支出无疑将成为除去房租以外的另外一项大成本。以外地到北京学习为例，一堂大师讲的花艺课需交学费几千元，时间为3~5天，加上吃、住、交通等费用，学习几天课程花费上万元是很平常的事。花艺本身分东、西方风格，也分流派，各个大师教授的也不一样，如何有选择、有针对性地学习，把钱花在刀刃上，特别考验店主的眼光与判断力。不要小看这项成本，有时甚至可能会比房租还贵，尤其是在开花店的前期准备和开店初期阶段。但它是必要和必须的，因为它可以让你的花店保持活力与竞争力，因此我们一定要在每一年做支出计划时，有意识地把学习支出算在成本核算中，做好计划。

在经营花店时，我们首先要精确计算花店的支出成本，只有把成本核算好，做到心中有数，保证花店不赔钱，才能谈及下一步挣钱的问题。

4.2 开什么样的花店

那么开花店到底挣不挣钱呢？应该说开花店是挣钱的，但不是所有的花店都是挣钱的，这与花店的定位、规模、经营方式、经营地点、经营人员等等息息相关。

4.2.1 开家小店

如果只是开一家单纯的小花店，有一个最简单直接的店名招牌，店门口堆着杂乱无章的杂物，花店屋里杂乱堆着各种包装纸，在只能容纳自己转身的小店面里放着一个冰柜做工作台，用最低档次的瓦楞纸包装着式样简单又过时的花束，平时只接待上门顾客和美团顾客。这种花店只要开起来没有关门，那么就是挣钱的，但一定不会赚很多钱，我们不能称这样的花店为赚钱的高品质花店，也不能称它为新式的花店。毫不讳言，这样的花店，在当下已经过时了。开这样一个花店不需要很多人，只需要夫妻两个人就行，一个负责守店面，一个负责送花，能糊口而已，想赚很多的钱，有大发展是不可能的。随着时代的发展，新兴花店如雨后春笋般冒出来，此类花店的经营将越来越困难，逐渐萧条下去，最终被新兴花店取代。这种花店其实与家门口的小卖铺没有区别，任何一个人只要经过简单培训都可以开，不需要经营头脑，只需要会把花包起来，能卖出去，能吃苦，能耗时就行。这种花店，不是我们定义的高品质赚钱花店，不在我们讨论的范畴内，本书不再赘述。

4.2.2 传统型花店

传统型的花店也有经营不错的，很赚钱的。如河北省沧州市的懂小姐花店（文后彩图4-3~彩图4-5）。

懂小姐花店是当地一家经营比较好的传统型花店，它以优质的服务、精美有新意的花束包装以及中档的价格在顾客中口口相传。花店坐落在一个热闹的十字路口拐角处，是典型的"金角银边"的位置，地理位置优越，周边有高档小区，马路宽阔无遮挡，唯一的小问题是十字路口停车不是特别方便，但并不影响生意。懂小姐的店面是两层楼，一楼分里外间，外屋临街被设计成有大面积的透明玻璃窗，在街边可以一眼望到室内琳琅满目的鲜花，里屋是操作间与工作台，区域划分明显，顾客一般不会进入到里屋的操作间。130平方米上下两层楼的临街店铺，租金6万元，没有停车位，面对顾客的实际销售面积为40平方米。

懂小姐的花店的老板并不姓懂，之所以起这么个店名，是老板认为"对于女人来说，懂她比爱她更贴心"，这也是她的经营理念。2015年，懂小姐的花店创立，经营内容以售卖鲜花花礼为主，还做一些专业花艺的培训。而老板本身姓马，由餐饮行业起家跨行经营花店，刚开始做花店的时候，马老板并不懂花艺，花店开起来后，她才发现作为花店老板，会花艺技术是非常重要的，于是她开始从最基础一点一点地学，不断地去参加培训，去学习，慢慢地成长起来。此外，每年她都要利用开花店的间隙，出门去外地转一转，或学习或考察，每年花费在外出考察学习上的费用，平均在3万元以上。她曾不止一次招收过店员，并把店员当做徒弟一样的培养，但每次徒弟学会了技术后，却离她而去。后来，她终于汲取了教训，寻找到一名伙伴帮忙，除给伙伴开工资外，还将店里的利润作为干股分给伙伴，终于将花店稳定了下来。

"懂小姐"的花礼（文后彩图4-6）定位在中高端，就当地而言，她的一束鲜花并不算便宜，但她仍能够平均一天接到10个左右的订单，一年下来，相当于20万元左右的营业额，这与她的花礼做得精致美丽有关，也与她对老顾客的维护有关。可能20万元营业额对于大城市的花店来说，实在不能算多，但对于一家三线地级市的花店而言，一年能有20万元的营业额已经相当亮眼了，要知道，当地收入并不高，很多人一年也挣不到两三万。当我问她对开一家赚钱花店的想法时，她反问我，什么样算赚钱？一年一百万算不算？我为她算了一笔账，如果按照她店里40平方米的销售实际使用面积，她一年房租6万元，学习费3万元，营业额20万元，那么，她真的赚到钱了吗？这个压力是真实存在于她的店中的。我问她，累吗？她跟我说，她无数次地想要放弃，真的很累，只是在她送花时，看到顾客收到花一瞬间的笑脸，她就觉得值得了。

这是一个用心做事，全情投入在花店里的老板，而她的经营项目在沧州本地来说已经算是拓展了：额外有花艺培训的收益。当地很多的店也只不过是单纯的售卖鲜花而已，市场就那么大，每天买鲜花的顾客是固定的，你的顾客多了，别人的顾客就少了，所以，竞争还是很激烈的。我问她是否考虑过嫁接一些新产品或者项目，增加经营内容，她说暂时没想过。

我认为，经营项目的单一化就是她目前经营的最大问题。如果她能补足这个短板，她的花店应当能做得更好，走得更远，更稳健。

沧州的传统花店很多，据了解，每年新开和倒闭的花店在20家左右，一增一减，总量总保持在一个大致的数目内，有的花店开了又倒闭了，甚至没有挺过一年，有的新开的花店咬牙坚持了下来，但附近就会有老花店被迫关闭，这说明，目前市场已经饱和了。懂小姐的花店算是经营得很不错的，在竞争激烈的沧州花艺市场内，硬是凭着良好的顾客口碑闯出来一条路。但这条路未来却不一定好走，因为顾客的眼光不停地在变化，花艺市场这块蛋糕越来越小，利润越来越少，但房租与人工成本每年却都在增加，没有新的利润增长点，"懂小姐"将何去何从呢？这也是众多传统花店面临的一个严峻的问题与考验。

在我与"懂小姐"的交谈中，我的询问也启发了她，我问她有没有考虑过把里屋与楼上的房间利用起来，如果顾客能有一个鲜花环绕的活动场所也许不错，她恍然大悟：是呀，也许这样不错。但也有前提条件，这需要店铺改造升级，重新装修，而未来3年内店铺所在位置是否拆迁也未可知，可3年的时间，花艺界将有怎样的变化与发展呢？到那时，是否又来得及呢？

不过"懂小姐"并不是完全没有规划，她对未来充满信心，未来的"懂小姐"将要拓展事业线，把花艺培训好好地囊括其中，而这家花店也将作为"懂小姐"花艺版图中的一个形象展示出现，不再单单指望靠零售赚钱。"懂小姐"的转型迫在眉睫，已经提上了日程。我对此很是期待。

4.2.3 高品质花店

我们想要开的是一家高品质的赚钱花店。那么何为高品质？何为赚钱呢？

这家店一定是这样的：经营场所不管是临街的门面还是藏在胡同里的四合院里，都没有关系，但首先一定要有足够的面积，不仅能做花艺活动，能展示店面形象与店里独特的花艺产品，还要有其他的附加产品，以增加附加值，同时装修装饰有自己独特的风格与格调；这家店还要有礼貌又会销售的店员；有自己的特色经营，有与众不同的风貌，并且有独一无二、不可复制的亮点与拳头产品；店主是一个爱学习，能接受新模式、新产品、新思路的学习型人才，并且愿意与同行分享，有开放的态度，愿意与人交流；这家店还要有宣传意识，能够时刻注意自己的形象，时刻注重店铺整体形象，能够完成整个店铺的形象打造；这家店的服务意识极强，能够让顾客享受物有所值的服务；店里的成本核算正常，能够做到开源节流；这家店一定有一个响亮又独特的名字，并且店面整洁让顾客舒心。

只有这样，这家店才能够被称之为高品质的花店，也只有这样，这家花店才能跟得上时代潮流，算得上是一家新时代的花店。这样的花店不只是做买卖与开个小店卖花而已，这家店的店主一定是一位极具情怀，具有开拓精神，有与众不同的思想，把经营花店当作事业来做的人。这样的花店才能在时代的浪潮中具备竞争力，才有列入本书并讨论挣不挣钱这一根本性话题的资格。

前提有了，至于说这样具备高颜值，高品质的花店赚不赚钱，答案当然是肯定的。这样的花店首先一定是吸引人，并且是让人心生向往的。一家花店只有在这样的情景下才能不断招揽新老顾客，尤其是年轻的顾客以及讲究生活品质的中产阶级顾客。这类顾客群往往是最庞大也是最爱花钱的，同时，这样的顾客许多是年轻人，正是谈恋爱或讲求生活品位的年纪，容易接受引导性消费，从而使花店最大限度地获得经济利益。

但也不意味着花店具备了这些条件，就一定能赚钱，这样的高品质花店相比普通小花店而言，投入巨大，更需要用心经营，掌握切实有效的经营方法，这样方能让花店在你方唱罢我登场的市场中站稳脚跟，并具备强大的竞争实力。至于如何做才算有效的经营方法，怎样做才能达到目标等问题，我们在后面的章节中会展开讨论。

　　开花店也是做生意，做生意就一定会有赔有赚，没有百分之百稳妥不赔的生意。即使是一样的生意一样的条件，但经营的人不同也会天差地别，如果说，开家高品质的花店就一定赚钱，一定能实现收入倍增，那肯定是不负责任的，是在忽悠人，但开一家没有品位的小花店，在现今社会一定会是越来越不赚钱，甚至亏损倒闭的。现在的电商、微信平台、个人微信群、咖啡店、蛋糕店、书店甚至快递行业等正在逐渐分薄这些小花店的利润，正在切割瓜分鲜花行业这块蛋糕，如何快速求新求变，如何让自己的花店转型升级就成了小花店的重中之重。小花店如果认识不到这一点，不能与时俱进，那么一定会被社会的洪流所淘汰，更遑论赚钱这一话题。

　　因此，现代新入行的花艺师与花店店主，应该抛弃随便开一家小花店（文后彩图4-7），靠手艺就能赚钱的想法，也应该抛弃开一家装修高档就是高品质花店、就能赚钱的想法，这样的花店早已成为末流，注定会被时代抛弃的。未来必将有越来越多这样的小花店因无法存活而倒闭，也必将有越来越多的小花店觉醒，寻求转型才能存活，才能发展。其实就算是开了一家真正高品质的花店，也不意味着被放入了"保险柜"，从此可以高枕无忧。历史在发展，时代在进步，随着时间的推移，开一家品质高、经营佳的花店也需要时刻保持警惕，随时保持更新的能力，才不会轻易被时代所淘汰，才能长久地立足于花艺行业的潮头之上，才能不断地赚钱。

　　现今社会，人们已开始讲究个性化，追求多元化与品质化，只有开一家有颜值有气质又有经营内涵的花店，才能吸引顾客，才能留住顾客，在竞争激烈残酷的花艺市场中立于不败之地。毕竟，花店再有气质，再文艺，它也是一门生意，从你开始租房子、进货，甚至开始学花艺，准备开花店时，就已经在不停地投入时间与金钱，那时，这个生意就开始了。生意一旦开始起步，就由不得半点马虎与犹豫，只能不断努力往前冲，不然，耽误的每一天都将转变为时间成本，都是赔钱的开始。其实，我们与其讨论开花店到底赚不赚钱，能赚多少钱，不如从讨论如何开一家少赔钱、不赔钱甚至于赚大钱的花店开始更为恰当。

　　你只有具备了前面章节所说的知其然，也知其所以然的花艺历史知识，才能看到历史总是惊人的相似。历史上的盛唐时期因经济繁荣、政治稳定而花艺昌盛，当前社会的开放程度、经济发展程度都到了一定的繁荣阶段，现代花艺又到了一个繁盛的时代，这是整个行业不停更新换代，发展神速的时代，是一个充满了机遇与挑战的时代。只有具备这样的眼光与思想，你才能把握住花店业的大方向，才能明白这个时代赐予我们的，是怎样一个花艺发展的春天；只有当你坚信了花艺行业的未来前景，才能在面对挑战与机遇时更笃定前行，而不是面对挫折便轻易放弃；只有当你真正热爱、真正搞懂这一行，才能不怕辛苦与心酸。主动学习，不断进步，你才能越走越远，越做越好。

第5章

如何胜任花店需求——
开花店的人要具备的素质

不是所有人都能胜任开花店的。不论是男人、女人，不论你是否准备好开花店，不论你是否具备文艺情怀以及做好了吃苦的准备，总之花店是一个特殊的行业，并不是你想开就能开的。

开花店的人要具备三个主要素质（图5-1），分别是良好的体力能够承受并应付高强度的劳动；灵巧的双手能实现你的创意；细腻的心思有创意，可以与众不同地设计出令人心动的各种花礼。

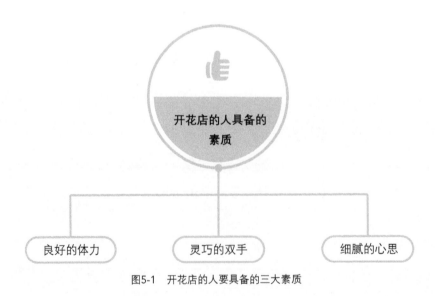

图5-1 开花店的人要具备的三大素质

5.1 良好的体力

其实不论哪一个行业，都需要有健康的体魄和良好的体力，开店需要时间与精力打理店面，一个天天生病、时常关门的店主是不能得到顾客的信任并且自己也无法长久支撑下去的。一家店从租下房子的那一刻起，每天都要付租金成本，因此开店做生意首要的先决条件，便是有一个健康的身体与充沛的体力，开花店更是如此。

开花店时常需要半夜去花市采购，采购回来的鲜花需要马上剪根、吸水，打理花材，需要搬动沉重的水桶，每天给存放鲜花的花桶更换新水，这些都属于体力活，即使花店有花艺助理，通常也需要你自己亲自上手，快速完成所有的基础性工作。经营一家花店总不能下午才开门迎客，必然要在上午9时或更早开门营业才恰当，因此半夜进货、打理花材，紧接着开门营业这是很消耗体力与精力的一种工作。

同时，花店在经营过程中，一年中会碰到几个对于花店而言重要的节日，如：情人节、母亲节、520表白日、七夕、圣诞节等，一般会提前很久便开始准备节日用花。而到了节日前夕，以及节日当天，花店经常会通宵加班干活，这样的节日对于花店既是赚钱的好日子，同时也是考验店里工作人员体力的重要关口。花店店主经常会因为忙活节日订单，顾不上吃顾不上喝，一连工作十几个小时是常有的事。如果身体状况不够良好，那么不但无法完成订单，还会因为生病而耽误花店经营，经常会有花店店主在忙完重大节日后病倒的事例，因此有一个健康的体魄在经营花店时尤为重要。

另外一个特别需要体力的，就是花店接到婚礼订单的时候。婚礼花艺装饰，是花店经营中一项非常重要的收入来源，同时也是考验每一位店主脑力与体力的难关。当你幸运地接下婚礼订单并按照要求准备好鲜花，准备装饰婚礼的那一刻起，加班就开始了。

由于婚礼和婚宴通常都选择在饭店进行，因此不能提前装饰布置现场，只能等婚礼前一天晚上，饭店的营业结束后，才能进场布置。南方有的地区婚礼在傍晚举行，北方大部分地方的婚礼习俗选择的是早晨，如6点零6分、8点零8分之类，甚至个别地方有所谓"两头不见太阳"的习俗，即半夜去娘家接新娘子，举办婚礼也要在太阳没出来以前，那么就意味着婚礼花艺装饰需要彻夜赶工，才有可能在婚礼开始前全部装饰完成。因此当你的订单越大，用花越多时，同时也是要求你的人员、技艺配合越到位，手脚越麻利的时候。一般刚开业或只有一两名助理的花店，店主是需要亲自上阵来操作花艺的，即使有足够的人手，往往也需要店主现场指挥。如果没有一个好的体力，是承担不了繁重的花艺装饰劳动的。

婚礼的装饰并不意味着只有桌花，有时还需要登高爬低，装饰空中花艺、搭架子做花门或花墙、复杂的路引鲜花，移动沉重的花器等等都是体力活。通宵做花艺工作，不仅是脑力劳动，也是体力劳动，这就需要操作人员具备良好的精力与体力，才能胜任繁重的工作，所以开花店首先必须要有一个健康的体魄与良好的体力，这是做好工作的先决条件。

5.2　灵巧的双手

开花店第二个需要具备的素质，是一双灵巧的双手。花艺不但是体力活儿，更是细致活儿，如果开花店却不会包花束，不会打漂亮的蝴蝶结，不会修剪花材等，是无法胜任花店工作的。一个做花艺的人，不能是"手残星人"，如果摘个花瓣却把花毁损了，去个花蕊却把花瓣摘破了，包个花束三两下又把包装纸弄破了，那无疑将大大增加花店的成本与损耗。同时，花艺有时需要做一些比较特别的款式设计，这就会用到各种手工，即使你做不到能工巧匠，但也应该具备一双灵巧的手，能够胜任细致的工作，轻柔地对待鲜花，不能粗手笨脚地毁坏花材。

至于如何辨别自己是不是具有一双灵巧的手，非常简单，看看自己平时是否会做一些手工活，会不会折纸、织毛衣、捏橡皮泥等等这类的小手工就知道了。即使这些都没做过，也可以现学，向别人请教、或通过网络学习一些手工方法，尝试着去做一两样手工制品，看看自己的手工作品是否细致，也就可以判断出自己是否具有灵巧的双手了。有些人天生具有天赋，可以做非常细致的工作，而有些人即使通过训练也无法完成细致的手工，为了避免花店开业后才知道自己不适合干这一行，应提早判断自己是否能胜任花艺这一细致的工作。

5.3 细腻的心思

开花店的第三个要素，是需要具备细腻的心思，这与灵巧的双手一样重要，也就是说"心灵"与"手巧"两者缺一不可。当前社会求新求变，消费者追求独立、个性的商品，这就要求花店的经营与商品款式能够与众不同，并时常更新，要求店主不仅能够采纳别家所长，同时更需要自己售卖的商品具有独特性。

创新，是一个高品质花店必备的特质，而创新离不开人，如果一个人不具备聪明灵活的头脑，是无法进行创新的。单纯学习同行的款式，但不能举一反三，便会陷入跟着别人的步伐亦步亦趋的尴尬境地，也会为同行所不齿。无法引领潮流，也就谈不上个性化经营。没有自己的特色，也极易被潮流淘汰。因此，创新关系到花店的盈利，需要有细腻又独特的心思。

不仅仅是花艺需要创新，在花店日常的经营中，也需要心思细腻。如聘用员工，观察这个员工适不适合你的店，是否具备良好的技能与品行等，都需要店主具有细腻独到的眼光，这样才能慧眼识人。经营花店中，记住每一个老顾客的喜好，观察每一个顾客的需求点是很重要的，这些绝不是粗枝大叶的性格能够完成的，所有的一切都需要细致入微的观察与细腻的心思。只有具备了这一点才能在经营花店中尽量不错过顾客的需求点，赢得顾客的信任。这样才能同时达到成单的目的。

开一家花店，需要有良好的体力、灵巧的双手与细腻的心思，只有具备这三个先决条件，才能让你不至于被一些基础性的小问题难倒，但这并不是说，具有了这三点，就一定能让你开店成功，在经营中立于不败之地。有了这三个先决条件，只意味着你有成为一名合格店主的资格，可以让你的花店开得容易和顺手一些，并不一定能保证让你的花店盈利。

第二篇

开花店的准备工作

想要开花店，得提前做好准备。上一篇，我们着重说的是心理准备。想要做成一件事要有必胜的决心，有坚强的毅力、顽强的精神，有百折不挠的信心。开店做生意，可以没有十足的把握，但一定要有一颗强大的心，这样才能让你在遇到挫折与困难时，勇于迎头而上，欣然迎接挑战，不怕辛苦，勇敢无畏。

　　花店再小也是生意，何况我们是想要开一家高品质的赚钱花店。那么只有强大的心态是不够的，还需要有专业的技术素养做后盾，更需要懂得经营，明白开店的具体操作细节，因此在这一篇，我们将着重讲这几个方面的问题。

第 6 章

专业准备

6.1 技能准备

花店谁都可以开，但不是随便什么人都能开好的。花店业其实是一个技术行业，花艺师更是一个技术工种，需要有专业的技能做基础。花艺是艺术设计，而艺术设计需要有独到的艺术审美眼光做后盾。

专业技能和**艺术眼光**是一个优秀的店主和花艺师不可缺少的两个必备条件，只有具备了这两条，并用心、勤奋地发挥，开出来的店才会具有艺术内涵，才会成为一家具备独特性的高品质花店。否则，也只是看图包花，人云亦云，跟风别人而已。

前面我们讲过，现代人求新求快，但也讲求个性化和独一无二性，那些将店开得风生水起的网红店能被人们熟知，一定是具备一些特殊风格，拥有特别的产品，而不具备唯一性与不可替代性的店，将会被别人超越甚至取代。

6.1.1 学习花艺技能

我们说开一家高品质的赚钱花店，首先需要具备专业的花艺技能，必须让自己成为专业人士，入行、懂行，这样才能被顾客所信任。在没有成为花艺师之前，我也曾作为顾客，买过不少鲜花。亲眼见过这样一个花店老板：我请她帮我包一束花，她比照着墙上的挂图，从冰柜里拿出几枝花，剪一剪、扎一扎，然后又拿出几张包装纸，照着图片把花包起来，一边包花一边还跟我说，我不怎么会，都是照着包的。这样的花店，我真的不想付她很高的价钱，我的表现就是与她砍价，把价格压到我的心理价位，然后拿着花走了，并且再也不会去第二次。

这就是顾客的心理，永远不要把顾客当傻子，他们已经被各种各样的店"教育"得品位越来越高端，要求越来越高，对价位也是门儿清，所以作为店主的我们，一定要严格要求自己，高标准地规范自己，先要让自己专业起来。就算你做不到干一行爱一行，干一行专业一行，起码，你也不能比顾客还外行吧？

那么，如何让自己专业呢？首先，**要学习基础花艺知识，提升花艺技能**（图6-1）。

花艺不是靠自学就能完成的，想要入门，最好的办法就是**寻找花艺学校系统而全面地学习**。最近两年各种花艺学校都很火，如何挑选花艺学校以及花艺课程，需要根据自己的实际需求来决定。前文我提到的那位开花店陷入两难境地的朋友，有一部分原因就是花艺学校没有挑选好，花了5万元的加盟费，却没有学到真正的花艺技能。因此，为开花店而学习花艺技能，是需要仔细甄别，认真选择学习场所的。

图6-1　花艺技能涵盖方面

（1）花艺基础班

现今，社会上花艺学校很多，其中有教授基础花艺班的学校。

这种学校开设的课程通常以一个月的课时为期，系统地由浅入深讲解传授基础花艺知识，并手把手教会你基础花艺技法，这样的课程适合没有花艺基础的花艺"小白"、花艺爱好者以及想开设花店的人学习。价格包括使用花材在内，几千到一万元不等，全天候学习，主要看师资力量以及学校实力，同时因为有些学校课程中使用的花材品质不同而价格略有差别。

（2）高端花艺学校

另外，还有主打外教老师，教授高端花艺技巧的花艺学校。

此类学校开办的学习班虽然价格不菲，但能学到最新的知识与理念，也能学到比较独特的技巧。通常外教老师传授时，会带有自己独特的风格与理念，需要在学习之前就对教授的老师有比较系统的了解。学习此类课程同时能够认识更多行业内的人才与老师，因此高端花艺学校不但是提高技能的好场所，更是建立广泛人脉的好地方。

（3）专业课程培训

再有一类是学习某一门类专业课程的培训班，比如：压花技法的低、中、高级班；永生花技法课程；日式花道各流派的学习课程；等等。这类课程是针对学习过系统课程后更细化的课程体系学习，全凭个人兴趣与实际需要来选择，更多时候还有考级、考证的刚性需求。

（4）花艺游学

最后一类是花艺游学，课程一半在国内上，一半到国外去上，主要以学习国外花艺体系，见识国外花艺发展为主。游学目的地大多是欧洲国家，如法国、荷兰等。费用昂贵，适合立志往更专业化发展的花艺师学习。

想要开花店，前期只需要直奔开花店的目的去学习，去专为开花店设置的基础班学习就可以满足。这种班一般会从最基础的知识讲起，从认识花材，到开店选址，再到如何做花店里常用款的花束等，均有涉及。这些内容对于开花店而言，是必不可少的技能知识，通常这类课程学习时间会限定在1～2年之内，学不会可以免费复修。有心的学员，在学习期间可以有意识地与同学及老师建立良好的关系，这将有助于你从事花艺行业，建立自己的专业人脉关系网。尤其是同学们，大家可以一起互相交流，互相帮助，也许这些同学会成为你未来花店的合作伙伴，诚然，也有可能成为你的竞争对手，那就更应该好好交往。关于这一点，后面我们会讲到。

当然学习了花艺技法并不是说一定就能开店，这只能算是刚刚入门，还需要多加练习与交流，才能更好地掌握技能。花艺再文艺再美丽，也始终是一门技术，需要熟能生巧与长久练习。

6.1.2 学习种花、养花

现代花店要求的已经不仅仅是会包个花束，会做一场婚礼，而是需要多种多样的经营方式与更广阔的经营范围，就专业程度来讲，对花店店主或者花艺师提出的要求很高。除了需要不断精进的花艺技能与花艺理念的学习之外，家庭绿植养护，也是花店经营的一个重要技能。北欧风植物的兴起，带动了家居环境与植物布景的融合，如何将带根、带盆的植物与家庭环境相协调，如何令植物长势良好美化家居，都给花店业提出了新的问题与挑战。

花店将不再局限于鲜切花的经营范围，而是把绿植经营也纳入其中。如何养护花草，帮助顾客选到满意的家庭花卉，教给顾客居家植物养护知识，提供植物售卖与租摆服务等，都将成为花店店主的新考验。这就需要花店店主除了花艺技法外，还要具备绿植养护知识，能种花、会养花才行。作为一个花艺师或是花店店主，不能连绿萝吊兰都会养死，必须要能够快速辨认家庭常见花卉，并知道如何养护。要能做到解答顾客关于家庭花卉养护的问题，从而获得顾客的信任与好感，以向顾客传递专业的花店形象。

6.2　知识准备

开花店除了要有必需的技能准备外，也需要更多的知识准备，作为一个现代花店的店主，不能在顾客的眼中是一个只知闷头干活、说不出所以然的人。试想一下当你在讲花艺课时，你的顾客问你一个专业知识，你却无法回答时将是多么的尴尬，而一旦在顾客心中留下了你不专业的印象，你的花店将不被信任。图6-2所示的各项知识都是总结出来开花店必备的知识与技能，需要在开店之初就进行系统的学习。

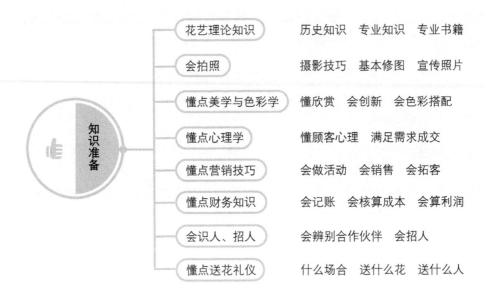

图6-2　必备花店知识与技能

6.2.1 学习花艺理论知识

开花店除了有技能的准备外，还需要有知识的储备，就像人走路需要两条腿一样，两者缺一不可，需知其然也知其所以然才行。知识储备涉及方方面面，首先是花艺理论知识，包括花艺的历史渊源、花艺风格、流派、基本花材养护、花材认知、绿植认知、花艺色彩学、花语等专业花艺知识（图6-3），这些知识，有些需要平时留心积累，有些需要购买专业书籍学习。

要想把花店做得让顾客信任与更专业化，必须得让自己看起来更专业，这就需要用知识来武装自己的头脑，做到说出口的话要有理有据，方能给顾客留下专业的印象。只有比顾客懂、比同行精，才能在这一行里有立足之地与同行竞争。

具备专业的花艺理论知识不仅能让自己与花店显得更专业，同时也为自己往更高层次发展提供了可能性。俗话说"基础不牢，地动山摇"，拥有好的理论基础和创新的头脑，并用于指导实践与验证实践，才能在基础之上加以创新。作为一个高品质的花店，不能靠抄袭同行款式来经营，必须有自己的特色。这就意味着要在扎实的花艺理论基础与过硬的花艺技巧上，在创新意识与创新头脑指引下，运用娴熟的技艺，不断地开发新的花艺款式，寻找新的经营方式，树立新的经营理念。

绿植知识

当花店已不再满足于鲜切花生意时，绿植的相关知识就极为重要了

历史知识

需要知道花艺起源，就像知道一个人的老家是哪一样，必不可少。

色彩搭配

懂得色彩搭配才能让你制作出令人喜欢的花礼款式

理论知识

花艺风格、流派

能够区分风格、流派才能做出正确选择

花语

花语的重要性不言而喻

花材

只有对花材足够了解，才能避免采购错误造成的损失

图6-3　花艺主要理论知识

创新能力是一个高品质花店的生存立足之根本，而创新能力必须要建立在理论知识的基础之上，因此花艺理论知识的学习与积累是必不可少的。

6.2.2 学会拍照

除了专业的花艺知识外，还应该会一些摄影、摄像技巧。现代花店经营方式，早已从单一的等顾客上门变为吸引顾客上门，有时甚至顾客不上门，通过网上就完成了交易，花店独特的布置与陈列，将会吸引一批爱拍照、爱分享的人群上门，令花店成为网红店。这就需要在花店布置得当、产品独特的同时，还要会宣传自己，时常有好看吸引人的图片、视频展示给受众（文后彩图6-1）。

为了节省成本，我们不可能聘请专业摄影师随时驻店，每包一束花、每出一个产品，都用专业相机拍照、修图，这就给花店店主提出了新的要求。为了招揽顾客，为了宣传自己的花店，我们需要学习一些基础的手机拍照技巧与知识，掌握基本的构图、调色、修图的技能，依靠自己就可以完成花艺作品的宣传。很多花店都会有花礼作品的照片，但如何将自己的商业花礼拍成好看的照片，并对自己的店进行有效宣传需要认真地学习。好看的照片能够吸引顾客的目光，而应付似的照片甚至是店内凌乱的照片则不能为花店带来良好形象的宣传。

现在网络上有很多漂亮的花艺图片（文后彩图6-2），其中固然有专业摄影师的功劳，但大部分还是花店自己拍摄的宣传图片，一个花店如果具备随时拍照、随时

出美图的技能，无疑将更能吸引住顾客的眼光，达到事半功倍的效果。

6.2.3 懂点美学与色彩学

掌握了摄影拍照技巧，还应该懂点美学与色彩搭配知识，因为这涉及花店内的布置技巧、摄影构图的选择、产品搭配的方法以及花艺创新产品的色彩和谐。美学知识可以令自己具备审美眼光，也更能塑造一个人的独特气质。

开花店做生意，要求我们不但要有与大众一致的审美观，知道大众想要什么，更要求我们要有与大众不同的眼光，要有前瞻性与能引领潮流的思想。这不是说，我们要做出怪、丑的产品设计，而是要求我们不停去创新，引导大众眼光，做大众能接受、喜爱，又具有时尚潮流的新品、流行品。

色彩搭配知识将为我们的设计保驾护航。服装有色彩搭配，化妆有色彩搭配，花艺同样也有。红色的玫瑰花与黑色的轻纱搭配，会显得花束高贵而神秘，与白色轻纱搭配，就显得纯洁活泼又不失热烈（文后彩图6-3）；淡蓝色的绣球常与香槟色玫瑰或粉色雪山玫瑰搭配，再配以淡色系包装纸，显得温柔可亲。凡此种种，都是色彩搭配知识的运用。自然界的色彩丰富多样，只有懂且会色彩搭配，才能令我们做出的产品不俗气并符合顾客要求，令产品更美（文后彩图6-4）。反之，不好的搭配（文后彩图6-5）只会令你的花礼档次感降低，同时也影响花的售卖，并且把难看的图片发到朋友圈只会令你损失顾客的信任，不如不发。

不要小瞧这些技能，它们都是为了让我们的产品易于被大众接受，让大众乐于为此买单，归根到底是为了让产品产生最大的经济价值，卖个好价钱。鲜花产品不以新、奇、怪为好，而以令人赏心悦目、愉悦心灵为主要目的，色彩搭配和谐，拍出优质的卖家秀并令顾客难忘的照片，顾客在选择鲜花时，自然会优先考虑这样的花店。先让顾客记住你，才有机会成交，才有机会成为你的忠实顾客。

6.2.4 懂点心理学

除了会这些基本技能外，现代经营理念还给花店提出了更高的要求。鲜花是悦人、悦己、愉悦人心的存在，作为一个花店经营者，理所当然要懂点心理学。这个心理学不是要求你懂得怎么开导人，如何做一名心理医生，而是要懂一点顾客的心理，抓住顾客心理才能促进成单。能够两三句话说到顾客心里，顾客自然会对你产生依赖之感，这是令你的花店能够存活的长久之计。对于中小城市的花店，尤其适用这一点。试想一下，当顾客把你当成朋友，什么话都跟你说的时候，何愁店里没有营业额。甚至你不卖花，卖其他任何产品，顾客都会因为对你的信任而买单。

我大学学习的是服装设计专业，在大学刚刚毕业的时候应聘到一家服装销售公司做销售，整个公司有导购100多人，而我的业绩是最好的。凭的是什么？是找对顾客的专业态度。因为我总能快速地掌握所卖服装的特点，把服装销售给适合它的女性，又能成套搭配给顾客，我的顾客在我这儿感受到专业性带来的好处，因此格外信任我。每次换季，老顾客都是几套几套地从我这儿买衣服，同时我与顾客朋友般相处，能记得顾客的生日，能记得顾客买过什么款式，顾客除了在我这买衣服外，也愿意跟我聊聊天，我满足了顾客的心理需求，因此顾客除了信任我之外，还很喜欢我，后来即使我离开服装销售公司，顾客也与我保持着良好的友谊。

这样的销售方式，是非常聪明的方式，既让顾客感受到专业性，从而产生信任，又了解顾客的心理需求，从而让顾客与你亲近，如果我跳槽到其他服装销售公司，我的顾客将跟着我一起走，因为她们信任的是我。不论什么行业，销售产品都应当懂点心理学，比如微表情心理学、销售心理学等，能知道顾客想什么，顾客想要什么，顾客需要什么，是非常重要的一件事，开花店更应该学。因为花是愉悦人心的事物，如果你面对顾客却让顾客心里不舒服，那么顾客下次还会再来么？顾客又会痛快地付款吗？又比如，顾客说这花不好看，她的潜台词是什么？是否是真的不好看，还是嫌贵了？顾客要求你把花包得大一点，是想让花看起来更值钱，还是想要让花显得多一点？这些销售中随时会遇到的问题都应该深究，到底顾客为什么这么说？你要怎样说、怎样做，才能让顾客满意？

销售行业会有各种各样的销售"圣经"存在，其中就有不乏专门针对销售的心理学书籍，这类书籍很浅显，没有高深的心理学理论，书中会举一些例子，会让你更好地了解顾客的心理促成销售。花艺行业很少有这样的书籍，可以找销售行业这方面的书籍来学习，也足够用。此类问题以及在销售中遇到的顾客事件如何处理、如何面对，是需要多年销售经验才能获取的。刚开设店铺的人，尤其花艺行业很多人，是抱着一颗文艺又浪漫的心态来开店的，很难了解到这一点，也许还没有获取到足够多的销售经验，店铺就因销售不理想，经营不善而关门大吉。依靠向前辈请教，并不是好的快速获取经验的方法。前辈能教你情人节前如何备货，却不能教给你如何面对难缠的顾客，如何了解顾客的心理，因此不如我们在开店之初就主动学习前人经验，看书学习前人总结好的经验教训，是省心省力的好方法。

6.2.5 懂点营销技巧

开花店再文艺再浪漫，也是做生意，可以行为上文艺，但心理上一定要把经营花店当做一门生意来做，因为谁也不会说"我开个花店就是为了开着玩，我家有的是钱可以赔。"开花店的根本目的是盈利，是赚钱，即使抱着一种花店很美很浪漫的心态来开店，也不能忽视赚钱这一根本目的，不能盈利的花店就没有存在的必要，也赔不起，花店越大，装修越好，越容易因经营不善而关门大吉。

营销学有深奥的，也有简单的，我们不要求自己学成营销天才，成为营销资深大佬，但最起码要懂得一点营销知识，知道营销的方法，懂得做促销的目的与促销后带来的效益，甚至应该会计算做一次活动或促销，让出的利益与自己所得利益的百分比等。有些店主看别人做活动、做促销能吸引人气，便盲目跟风，别人打8折依然赚钱，自己为了吸引人，打了7折后却赔得一塌糊涂，就是因为没有算清自己的利润点在哪儿而导致的。如果明白自己最多打7.5折就会持平甚至不盈利，那么就一定不会做低于7.5折的活动，这就是懂营销与不懂的区别。现代营销方法与手段多种多样，快速有效地做好营销，对于花店的发展与销售有至关重要的作用。如何快速并以最小的代价拓展客户资源；如何运用行之有效的营销手段，把商品以最大利润卖出去；如何短期内打开新店知名度，被大量的人群熟知，这些都是需要有营销手段与方法做后盾才能达成的，不然一切都只是空想与纸上谈兵。

营销的重要性不言而喻，它能让一个店起死回生，也能令一个店蒸蒸日上。把鞋卖给光脚的非洲人，把梳子卖给和尚，这个著名的营销案例说明了营销的至关重要性。因此要学会以生意人的眼光看待花店这一行业，不要光想着文艺、浪漫，要真正地把它当做一门生意，努力学习营销知识与技巧。

6.2.6 懂点财务知识

有句老话叫：吃不穷，喝不穷，算计不到辈辈穷。既然开花店是一门生意，那么就要做到开源节流。开源固然重要，但如果赚来的钱都莫名其妙浪费了，不知道花到哪里去了，自然也不行，因此节流同样重要。我有一个朋友，跟小伙伴一起，三个人开了一家不大不小的花店，该店地理位置、客流量都挺好，销量也还不错，但就是月底一盘算不挣钱。我问她为什么，她说，如果某一天很忙，挣了钱，几个人便会在晚上犒劳一下自己，大吃大喝一顿，有时候挣到的钱还不够一顿吃喝的。我问她，最开始没有发现吗？她说是几个人到半年后，分钱盘账才发现，原来没挣多少钱，挣的钱都用来吃喝了。后来这个姑娘和小伙伴把花店拆伙，闭店不干了。她开花店挣钱少，固然有其他因素在里面，但我更看重这个吃喝的问题，我们很多人都对朋友、伙伴特别好，总觉得大家辛苦干活，让大家吃好喝好是应该的，殊不知在日复一日的大吃大喝中，花掉的是花店的利润。如果把每天请伙伴们吃喝改为在重大节日加班后犒劳大家，可能会对团队更有凝聚力，同时也更加节省利润，更加利于花店的发展。

因吃喝这样的问题导致花店关门只是个例，作为合伙开店的花店更应该注意这样的问题，这很容易在不知不觉中消耗掉你花店利润。单打独斗开花店的个人，则应该在以下几个方面注意节流（图6-4）：鲜花的损耗如何降低，网购订单的退货，包装纸、花泥等耗材的浪费，水费的过高，常用物品的丢失，因为采购过低等级鲜花而造成的花材浪费等等这样的问题。每个问题都看似很小，但聚沙成塔，小的问题一样样汇聚一处就会成为击溃千里之堤的蚁穴。因此做好节流不仅仅是"省"，更重要的是切实做到以行之有效地方法节约不必要的开销。

图6-4　那些不知不觉中消耗掉你花店利润的事项

开花店应当懂点财务知识，它的意义远不止于节流这么简单，而是要真的去学一些财务知识，比如盘点，进销存，记账，每月盘算利润。可能你会认为请个专业会计就好了，何必自己要懂这些？专业会计可以帮你报账、办税务、合理依法纳税，但会计不会告诉你，这个月你是赔了还是赚了，也不会提醒你下个月要交房租了而你的资金还没有着落，会计只需要找个专业会计公司，每月交纳几百，在需要报税时帮你专业、快速地完成就好，没必要特意花一份人工钱来做这些事情。其实花店的资金往来不是很复杂，我们只需要学会简单的记账、盘点等即可。专业一点的可以找一套系统在电脑上完成；更简单一点的，设立库存、销售、盈利账本即可。设立账目虽然烦琐，但它的根本意义在于帮助我们做到心中有数，什么时候该进货，什么时候该补货，补多少货，以及花店的耗材需要补充多少，哪款鲜花、哪款包装卖得好可以多进货这样的根本性问题，通过你每月的盘点、记账都将一目了然。

我们开花店，有时因为资金不足会与伙伴合伙，也会有雇佣店长管店的情况，如果我们设立了账目，除了做到心中有数外，还能避免与伙伴扯皮，从而较好地维护团队利益，也建立了有效机制，防止店员隐匿收入的情况发生。因此比节流更重要的是在店里设立账目，让所有人都心中有数，知道什么时候该做什么事，同时也方便了年终盘点，了解这一年下来自己到底是赚了还是赔了，这一点至关重要，甚至关系到开店的成败。

6.2.7 会识人、招人

开花店不论是与伙伴合伙还是雇佣店员，都离不开"人"这一字，如何合作与招人，如何与伙伴、店员相处，如何在花店的每一个阶段用合适的人，都是值得我们探讨的问题（图6-5）。

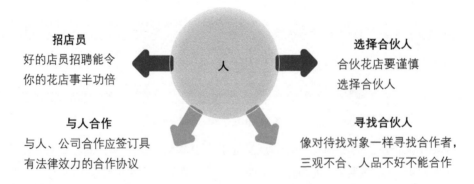

招店员
好的店员招聘能令你的花店事半功倍

选择合伙人
合伙花店要谨慎选择合伙人

与人合作
与人、公司合作应签订具有法律效力的合作协议

寻找合伙人
像对待找对象一样寻找合作者，三观不合、人品不好不能合作

图6-5　花店用人、招人、合作的标准

（1）招店员

我有一个朋友开花店十年间，曾拥有三家店面，市里、县里都有并且生意很好。一个人自然忙不过来，于是雇佣店员帮她看店，后来她把所有的店都关掉了。这里面固然有她自己的原因，但她跟我讲到很重要的一点就是她店员的问题。因为她太忙而无暇顾及所有的店，有时一个店面她一个月才会去一趟，店面长期处于"无政府"状态，因此店员监守自盗，隐瞒店里的收入，每个月只给她上交很少的钱，这部分钱还得用来交房租以及付人工费。她问员工收入为什么这么少，员工只是回答她生意不好做，她也无奈，只好用其他店的收入补贴此店。长久下去入不敷出，她只好关店了事。当时不明所以，她后来才想明白是店员的缘故，但没有证据，追讨无望，毕竟店已经关了，再做什么也晚了。

我一再向读者强调开花店是一门生意，顾客是人，店员也是人，凡是涉及人的生意，就要谨慎小心对待。上述事例中的姑娘很有本事，只是性格中有软弱的一面，因此她面对店员的欺主举动无可奈何，只能被动关店了事，如果她一开始就能"慧眼识英雄"，雇佣一个品格端正又能干、肯干的店员，并建立起有效的防控机制，必然能避免后续事件的发生。

如何招人用人，没有特别好的办法，有些人天生就会"看人"，能分辨好坏，有些人后天能学会识人之术，但大部分人不能一眼判断所雇的店员、合作的合伙人是否适合自己，怎么办？这时我们可以借鉴企业中的试用期方式，花店也可以存在雇佣关系，那么就与店员签订雇佣合同，约定试用期1~3个月不等，通过试用期好好观察店员是否值得信任，是否能够托付或培养。一般3个月的试用期足够我们看清一个店员了，如果还看不清楚，那我建议你要么换掉这个员工，要么不要开店了，因为你真的不适合开店。

（2）选择合伙人

至于合伙人的选择应更为慎重，选合伙人有时比选择老公更为重要，更应该谨慎对待。我有一个朋友，和朋友合伙在北京租房子开了一家烘焙工作室，她是那种凡事都要做到最好的人，所有的蛋糕、点心坚持用最好、最安全的材料，给顾客最好的东西，凡事亲力亲为。她的合作伙伴恰恰相反，不但什么都不做，还把她当成佣工，对她指手画脚不说，还限制她的发展，分钱的时候又冲在最前面。她的这个合作伙伴是她哥哥的一个朋友家的妹妹，两个人合作前连面都没有见过，只是经过两位兄长的介绍才相识，就这么冲动地盲目信任对方而合作开了店。开店之后的各种不顺利她无法解决，两人只好拆伙，但拆伙的过程充满了艰难。她最后倒赔了一大笔钱给她的合作伙伴，算下来她开店不但没赚钱，反而因为合伙赔了将近一套北戴河的房子。

（3）与人合作

有一篇挺火的微信推文写道"北京每天有一百万人在谈合作"，这是个贬义的话，说的是北京每天有一百万人在打着合作的旗号骗人，很难说这样的数据从何而来，也不用评价这样的观点对否，但从这样的文章中，我们可以得出一个道理，就是合作、合伙需要慎重，因为不慎重就很容易被骗，现代社会的骗人招数很多，真的需要睁大双眼，好好考察合作伙伴才可以。

最近一年，某市的鲜花批发业巨头正在和我那位开了十年花店的朋友谈合作，要开一家花艺培训学校，并由我朋友全权负责，包括给她技术股份，并且还想做一个特别有风格的鲜花店。朋友打电话给我，向我询问意见，我提醒她要谨慎对待，一定要注意合作的基础与条件，同时要注意这个老板的人品、个人行事风格是否能够接受。如果要合作，一定要签订具有法律效力并可以限定法律责任的合作协议。时隔半年，当我为写书到外地考察实体花店与朋友见面时，朋友说那位老板因为固执、好大喜功，投资失败，赔了好多钱，房子、车子都没了，所有的店铺都抵押出去了，还欠了几百万的债，还都还不清。朋友跟我说这些话时，是一种带着庆幸与惋惜的口气，庆幸的是幸亏她没有接受合作，不至于牵扯其中；惋惜的是好好一个鲜花批发业巨头，投资失败日落西山。

我的朋友因为有我的提醒，谨慎对待了投资合作，而幸免于难，但其他的人没那么好运气了。

还有一个例子发生在我父亲同事女儿的身上：这姑娘与人合伙开了一家茶叶店，卖茶还兼卖茶具等，因为地处新的商圈，招商政策减免了房租。她很用心，生意做得不错，但忽然有一天这个姑娘把店关了，人也差点自杀。原因是她的合伙人欠了一大笔钱后跑路了，所欠的债务都是以这家茶叶店的名义向人借的钱，如今合伙人的失踪让这个姑娘在完全不知情的情况下欠下了巨额的债务，每天都被讨债的人上门追债，万般无奈下只好关店。但债主们依然不依不饶，她一时想不开，干脆一死了之。虽然幸运地被抢救了回来，但一个阳光、开朗的姑娘却从此抑郁了。最终的结果是父母卖掉了自己的房子，帮她还债。

我的故事：有一段时间，我与某家婚庆公司签订了一个婚庆用花的合作协议，这个协议还是经过谈判签订的，签订的第一单是一场户外草坪婚礼用花。我参与了与客户的谈单，现场画了效果图，设计了正常婚礼的花艺布置，后来在报价环节给出了1.8万元的鲜花整场报价，其中包括2个全包花门、10个路引、交接区以及甜品台，还有包括手捧花、车头花和胸花在内的各种零配件，花材用的也比较好，其中甚至有白色蝴蝶兰。而报价后婚庆公司方却没了下文，后来在我反复追问中，负责者给出了因为我报价高昂顾客选择取消婚礼用花的原因，这事不了了之。事后我得知，婚庆公司把这个订单给了当地一家花店，因为对方报价5000元，然后接单的花店拿着婚庆公司流出的设计稿做了一个整场只用廉价水柳叶配少量白玫瑰花的婚礼现场。而婚庆公司除了盗用了我的设计稿外，还到处散播我报价"太黑"，我报1.8万元别家花店才报5000元，我除了终止与对方的合作外，一点办法没有，白白吃了亏有口难言。

虽然后来据说新人不满意婚礼上出现的种种状况而拒绝给婚庆公司结账，导致整场婚礼婚庆公司赔钱，但我的利益仍然因此受到了损害，归根结底就是合作方的做事以及做人的不到位，同时在我和对方签订合同时没有有力约束对方的条款，因此我的合同成了一纸空文，当发生了不愉快时我没有办法去争取我的权益。

这些例子就发生在我身边，相信各位读者也曾听说过类似的故事。这些例子发生在别人身上叫故事，发生在我们自己身上就叫事故了。这说明寻找到一个合格的合伙人是多么重要。开店时合伙人选不好是非常闹心的，虽然大多数人不一定会碰到上述例子中那样的合伙人，但因为与合伙人不愉快而伤了开店热情的人却很多，我也曾有涉及三方合作开玻璃花房，因三方合作不顺、沟通不畅，最后合作无法进行下去不愉快收场的经历。

（4）寻找合伙人

合伙人之间的互相推诿扯皮，资金投入时的拖延与无诚意，盈利后分钱的争夺，合作中的不配合等等都存在于常见的合伙人矛盾之中。那么合伙人、投资人如何寻找？中国那么大，每天打着谈合作的旗号做事情的人很多，一定要睁大眼睛仔细地考察合伙人。有时候找合伙人比找对象更重要，那么我们就可以按照找对象的标准来找合伙人。

首先，**与你三观不合的人不能当合伙人、投资人**。开店有赔有赚，与人合伙如果连共同目标都不一致，又在事情处理上观点不同，很容易在遇到实际问题时产生分歧而闹不愉快，不愉快的合作无法长久，非常容易拆伙，而在拆伙时因为三观的不同也会令你进退两难。如果碰到那种平时说得好好的，到了正事上、利益上斤斤计较，互不相让的人，那么拆伙不但不容易顺利进行，有时还会令你损失惨重。因此，三观不同的人，不能认同你的人，不能合伙做生意开店。

其次，中国有两句名言"亲兄弟明算账""先礼后兵"，凡事应当把丑话说在前面。**与人合作，合伙前，应当签订正式的投资协议、合作协议**，在协议里把一切写明，防止日后推诿扯皮，更防止有些人打着合作的旗号算计你，协议应当请律师帮你把关并进行公证，这样虽不能确保你一定不会被骗，但能尽最大可能地保护你的权益不受侵害。从另一方面讲，关系再好也要签订合作协议，协议中要有详细划分利益分配、投资失败如何承担损失等内容。不要抹不开面子，以为这样会让朋友生分，其实，对于投资伙伴而言也相当于给他（她）吃了一颗定心丸。所有一切说在明处，也是防止双方起争执的好方法。而在实际经营中以谁为主，谁说了算等问题也应该在协议里写明白。总之，就是尽可能详尽地划分好双方的权利与义务。"丑话说在前头"比"事后诸葛亮"要好得多。

6.2.8 懂点送花礼仪

现代社会买花回家自己欣赏的人群虽越来越多，亦即悦己的心正在觉醒，但人们买花的目的大部分还是用来送花给别人，花店的大部分销售订单来自送花人群。懂得顾客的需求，在顾客选花、送花的时候，给顾客提出合理化的建议，向顾客展示专业性，对促进销售、成单有很大的帮助，对花店的意义也不言而喻。

送花礼仪往往与了解鲜花知识密不可分，比如顾客到店里选购鲜花看病人，那么你就需要清晰地告诉顾客：百合的芳香气味会影响神经系统，影响睡眠质量，不适宜放在空间狭小的普通病房中。如果病人住的是套间的单独病房，可以送百合，美化环境的同时，也能愉悦病人心情，但如果病人住在多人病房，并因病情需要长时间休息，就不适合赠送带有百合的花礼。同理百合也因为芳香气味不适合放在卧室，因为易引发人失眠，因此有睡眠障碍或神经衰弱的人也不宜被赠送百合。如果你把这类专业的知识告知顾客，顾客一方面会因觉得你很专业，从而对花店的信任大大增加，另一方面也有利于花店口碑的传播。

类似送花过程中需要注意的花材还有很多，除了要**了解花的习性**以外，还更应该注意**花语的积累**，店里经常出现的鲜花的花语一定要记住，有些顾客经常会按照花语来选择花送人，这时就是专业知识派上用场的时候。花店里经常会遇到一些女性顾客买花送男性朋友，这些男性朋友不一定都是女顾客的爱人，送花的时候要酌情选择。有的女顾客选花会询问于你，有的需要你耐心询问她**送花的用处**，然后酌情选择花材。因此懂得送花礼仪、懂得花语，不仅是专业的体现，同时也是为顾客解决问题，更好为顾客服务的体现。想顾客所想与未想，才是一个花店最专业与最聪明的做法。

6.3　花艺入行

懂得花艺知识、学习花艺技法准备开店，不过是花艺的入门，而加入这个行业，才是真正迈入花艺专业的大门。

6.3.1 考取专业资格证书

专业展示只是一个小方面，有时我们需要与同行之间进行交流，以及接一些企事业的大订单，这时往往要求我们有一些更加专业的身份证明，才更方便我们争取到这样的订单，并在同行竞争中更有说服力与竞争力。如何证明我们的专业性，光靠嘴说是不行的，有些朋友会通过向顾客展示做过多少不同种类的订单来显示自己的专业性，但这样却恰恰说明了你的不专业，一些企事业单位在邀请花艺师做活动时更看重的是你的身份证明，即国家认证的专业资格证书。这个才是真正的敲门砖，也是入花艺这行的先决条件。很多朋友并不重视这个，认为可有可无，认为只要能开店能卖花即可，无所谓有没有资格证。这种想法适合于立足本地，以服务于普通顾客、过节时卖卖鲜花、对品质要求不高的小花店，如果在一、二线城市，又或者想要开一家赚钱又有品质的花店，我建议你一定要考取专业资格证书。这个证书的含金量很高，因为它能帮助你方便、快捷地敲开企事业单位的大门，同时也便于你接到一些高端用花的订单。

6.3.2 加入专业协会组织

俗话说"人多好办事"，加入花艺行业协会组织，将有利于你拓展行业人际圈，增加同行之间的联系，同时协会里会定期组织很多活动，定期参加活动，有助于你拓宽眼界与同行交流。现在这个时代早已过了单打独斗、关起门自己发财的时代，加入一个协会相当于进入一个平台，在这个平台上，因为都是同行而能有更多互动，比如向同行请教问题、接受同行的转单、定期参加协会组织的课程学习等，都可促进你往更专业的方向发展。而这种专业的活动一旦被你发到朋友圈，可以大大增加顾客对你的信任，也对花店的销售与大订单的促成有很大的帮助。

总之，我们所做所想的一切，都是为了向更专业化的方向发展，而专业化带来的好处是多样的，最直观的便是收入的增加。因此以上所列举的方方面面都是开店前的专业准备，而我认为，在开店前多与同行交流、与前辈交流，将有助于你避免在开店时走弯路，毕竟借鉴前人的经验是最快速又稳妥的方法。

第7章

经营准备

开花店是一门生意，想要开店赚钱就得做好准备。俗语说，"兵马未动，粮草先行"，不打无准备之仗，开店除了专业的准备外，还应该做好经营准备。花店的经营与销售怎样定位，目标顾客是谁、在哪，目标顾客的需求是什么，都需要作为店主的我们好好斟酌考虑。兵法有云："知己知彼，百战不殆"，想要开店做生意首先应当认清自己，弄清自己有什么特长，适合做什么以及不适合做什么，并因此给自己的花店准确定位，根据自己的特长，为花店量身定制经营方向。

给花店起一个响亮并适合自己经营特色的名字，在前期就要做好朋友圈的宣传，告诉大家你要开店了。做事必然会有竞争，打仗也会有对手，你要明确自己的竞争对手都是谁，在哪里，除了知己也要知彼，给自己确定合格的竞争对手有助于你更好地经营花店。如果自己有独特的进货渠道，将为你加分不少。开店营业的第一天就需要把鲜花展示在店内，那么你将如何选择进货渠道，事先定好进什么样的花，从哪里进花。这些都需要你在开店前就应该选择并确定好，不能"现上轿现扎耳朵眼儿"。

7.1　市场调查

在确定一家店开在哪儿与如何开之前，应当先做个市场调查（图7-1），这个方法是很多企业在新产品上市之前必做的事情，同样也应该是开一家新店之前应该做的事。在你所选择的城市开花店，那么这一年中，该城市开了多少家花店，倒闭多少家，为何而开，又为何而倒闭，开的花店因为什么而能持续经营下去，怎样做、做了些什么才让花店店主在激烈的竞争中脱颖而出，不断地赚钱……这些问题都是最基本的市场调查问题，应当做到心中有数，也应当根据实际情况扬长避短。开任何一个店，不是你想开就开，想赚钱就能赚钱的，一定要做好充分的准备，在知己知彼的前提条件下才能开的。

图7-1　市场调查方向

7.1.1 客户是谁

客户是谁，你将为谁服务？你所在的城市人均收入多少，房价多少，这个城市的人们舍得花钱吗？男人多？女人多？老人多？小孩多？这样的问题你是否能够回答出来？

人均收入决定了顾客的日常消费水平，也决定了你花店的客单价格定位在多少。而房价的高低则在一定程度上反映了这个城市的经济后劲，比如一个人均收入3000元左右的中小城市，房价却在1万元以上一平方米，那么这个城市的人们将有明显的焦虑情绪，会有两种消费观念产生：一种是反正买不起房，不如吃喝玩乐的报复性消费观念；另一种则是房价那么高，要拼命攒钱买房的舍不得消费观念。这两种消费观念都会影响花店的销售经营方式以及引导消费的方式，因此做市场调查显得尤为重要。

你所在的城市如果有大学城，而你的花店又开设在大学城里或在其周边，你的客户人群将以大学生为主要目标，那么大学生的消费观念与消费水平将是你需要格外关注的方向。

只有明白你的客户是谁，有针对性才能制订合理的花店产品客单价格，产品的价格区间定在什么范围内，未来自己进什么档次的鲜花，甚至于自己花店要注重哪个节日的鲜花销售等都将因此而受到影响。以大学城范围内的鲜花店为例：每年的2月14日，即现代青年人普遍接受的西方情人节，因为正值寒假又往往恰逢中国人最看重的春节期间，大多数的大学生会因为不在学校而导致花店订单不仅不会大增，反而骤减；七夕节却不同，虽然也会赶上暑假，但会因很多大学生的提前回校或根本没回家而使销售数量大增，这时应适当进货宣传；教师节时大学生们一定开学在校，则应重点宣传准备。首先清楚你的客户是谁，才能进行有针对性的销售，不要错过应该赚钱的节日，提前做好充分准备，才能令花店轻松赚钱。

有时候客户是谁不太容易分辨，把店开在学校、医院附近的，自然非常容易搞清楚，但这种地理位置通常已经有花店进驻并开了很久，我们在租房时并不容易租到有这样地理位置的店面，因此我们需要人为地给自己的花店寻找客户，即你想要你的客户群体是什么样的。比如将客户定位在白领小资阶层，那么我们就应当选择把花店开在写字楼办公区集中的区域，并根据白领们的需求，推出类似周花、月花这样的套餐服务，而周六日因为白领们一般不上班在家休息，相应地调整鲜花售卖方法。这就是根据客户不同而制订的不同销售策略。同时，积极主动地寻找客户群不断开发新客户，有利于我们拓展花店的销售范围，从而增加花店利润。

7.1.2 客户在哪

明白了自己的花店客户是谁的问题，接下来应问一问客户在哪？我们的顾客不是天使，不会凭空从天上掉下来，需要我们去分析、去寻找、去抓住，主动出击往往是最好的销售方法。等客户上门对于一个新开的花店来说，无疑是危险的，因为新店需要时间积累顾客群，需要口碑营造，需要让顾客发现你的店。而一个店一旦租下来，开业的每一天都将产生销售压力。在没有客户积累的情况下，贸然开店显然并不明智，在每天的房租与鲜花的损耗压力下，我们很难心态平和地面对顾客。

很多人都说开一个店需要"养"1～2年，这个"养"意味着不赚钱，甚至赔钱，如何缩短"养"店的时间，令我们一开店就不赔钱甚至是赚钱才是根本。我们在某宝、某团买东西都是要看评价的，一家新开业的店如果不使用营销手段，往往很难快速积累口碑评价。只有知道我们的客户是谁后，制订针对性营销方案，在花店开业前就做好宣传工作，明确客户群体，做到心中有数，不盲目开业，才能争取及早让花店赚钱。不知道客户在哪儿不要紧，但你一定要知道如何才能把客户吸引

进你的店中来，更要让客户知道你的店在哪里，如何才能找到你。

7.1.3 客户需求

供需关系决定了经济的构成，"把梳子卖给秃子"固然是有本事的销售方法，但提供顾客需要的商品与服务才更加重要。"你刚好需要，我刚好有"，这才是最令人舒服以及最简便的销售方法。

客户是谁？客户在哪？客户需要什么？这是一环扣一环的根本性问题，先明确你的客户定位，寻找到客户后，更加需要明确客户需要什么，然后根据客户需求提供服务，这才是最基本的市场调查应搞明白的问题。发放调查问卷的方式并不适合于花店，但可以就你开花店的问题向身边的朋友们问询，请朋友们给出中肯的建议。比如朋友们希望看到什么样的花，希望买到什么样的花，希望买一束花多少钱，希望提供什么样的服务以及对现有市面上的花店如何看待等等。多询问些朋友做调查的同时，还可以把自己要开花店的事情向朋友们说明，朋友们会认真地为你出谋划策，并因此成为你开花店的第一批忠实顾客，可谓一举两得。朋友们给出的建议要取其精华去其糟粕，因为朋友们作为顾客的同时，也是外行人，有些想法可能不切实际，因此意见和建议要适当听取以不影响自己的心情与开店的大方向为上。倘若你周围的朋友以同行居多，则可以请教朋友们成功的经验与失败的教训，并请朋友们帮助你完善你的花店，往往会有一个不错的收获，但这样做的同时，不要忘记多询问一些外行朋友的想法，因为他们才是你最直接的潜在顾客。

7.2 清晰定位

定位是一个企业创立新的品牌、研发新的产品时首要考量的事情，而开花店也应如此。合理的定位能让你的花店售卖产品不混乱，让你自己知道什么货可以进，什么货不可以进，同时也能够明确自己店铺里销售的产品在何等价格区间上。要开店，先要定位，再谈其他（图7-2）。

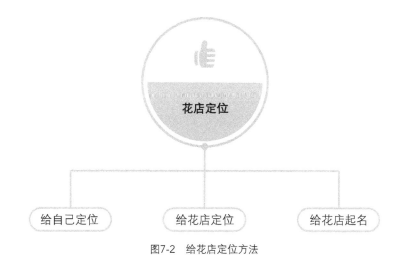

图7-2　给花店定位方法

7.2.1 给自己定位

兵法有云："知己知彼，百战不殆。"两军交战如此，做生意更是如此。开花店先要清晰地认识自己，**知道自己擅长什么不擅长什么**，知道自己的长处与短板，知道自己的优缺点，给自己定位。比如你在花艺技法上是擅长包装花束，还是擅长做花盒，那么在刚开业的时候设计产品打样时，应着重推出自己擅长的。擅长做花束，就先推出几款花束的花礼，在顾客来时制作花束以快、好为要点，没有顾客的时候多做一些花盒制作方面的练习，有意识地提升自己制作花盒的水平，反之亦然。又比如你口才比较好，口齿清晰伶俐，那么在花店业务开展同时，可以有意识地培养自己的表达能力，往花艺讲师的方向发展，同时把花艺培训、花艺讲座当作花店的重点业务进行拓展。人贵有自知之明，只有先自知，才能合理地利用好自己的特长，把自己化为最大的赚钱工具，利用好自身的每一个优点，尽量避免展现缺点，扬长避短，克服缺点，这样才能成就自己。

实际上，清晰地认识自己，还体现在能够时刻审视自己的内心，清楚明白自己想要什么，想要什么样的花店以及对花店未来的规划，即"不忘初心，方得始终"。不仅在开店的初期准备阶段要清晰认识自己，知道自己的需求，在开店后也应当能够审视自己，知道自己的需求。

以花店开业装修为例，有些朋友开始只是计划投入10万元的装修费，但架不住越装越想要好的和上档次的东西，这加一点那加一点，最后很可能装修费花到20万元，导致后期自己开店的经费不足从而在进货上捉襟见肘，因资金短缺又在开店后急于回本，进而做出一些急功近利，有损自己和花店声誉、形象的愚蠢举动。这就是典型的忘记自己的需求点，在开店初期的装修中是经常发生的。

清晰地了解自己的需求，还能帮助自己把控内心与细节，在开店的每一个环节上要时刻提醒自己谨慎小心，不要顾此失彼。在经营中，也要牢牢把握住这一点，在面临花店未来发展的选择上，要始终坚持自己的需求，坚持自己的初心，才会使自己的花店走得更稳妥、更顺畅。

7.2.2 给花店定位

除了清晰认识自己，给自己一个准确的定位外也应该给花店一个精准的定位，即花店将为什么样的顾客人群服务，花店要以什么样的服务理念存在于世，以何种面貌展示于大众眼前。给花店一个定位意味着花店的装修、器皿、装饰的选择等，可以按照定位更加统一化，也有利于花店日后的经营管理路线的延续。花店的定位应当与你寻找的顾客类型有关，明确客户是谁，客户在哪，客户需求是什么，再确定与之相应的花店定位，每一个环节都息息相关，环环相扣。只有如此，才能令你的花店成为一个整体，有一个整体的布局；才能制订出与之相配、行之有效的经营管理方法。因此，花店的定位其实是一个涉及让自己开店思路更清晰的问题。思路清晰、不混乱才能在花店前期的装修、后期的布置以及未来的经营中，安排得条理清晰，遇到重大决策时不偏离花店初衷，并在可能遇到的危机中临危不惧，从而转危为安。

7.2.3 给花店起名

开店前要先给花店起名，这一点毋庸置疑。那么如何起一个响亮、顺口、好听好认又好记还符合自己和大多数人心目中好形象的花店名，则是一个大学问了。多与朋友或家人探讨是一个不错的方法。但探讨时一定要把你的想法具象化并向家人和朋友阐述清楚，以便他们能够准确地帮你选择并确定一个好的店名。给花店起名就像给孩子起名一样重要。有了名字，花店将在自己和人们内心中逐渐鲜活起来。如一个婴儿，只要一提到，甚至想到这个婴儿，人们脑海中马上浮现的就是这个婴儿的名字与相貌、举止等等。可见名字的重要性，决不能等闲视之。给花店提前起名字的好处，还在于花店有了名字就可以着手准备设计花店LOGO，花店图片水印的添加，以及开店之前的前期宣传。

图7-3 给花店起名注意事项

给花店起名字（图7-3），应当响亮、顺口且寓意美好，毕竟是做生意，店名**不应当使用生涩偏僻的字眼**，就像给小孩起名字一样，如起的名字一般人都不认识，可能连上户口都将成为麻烦，这样的例子举不胜举。过于生僻的花店名字不但注册麻烦，也难以被顾客记住，顾客买束花，旁人觉得好看，问你的顾客花束在哪买的，你的顾客却无法快速准确地说出你花店的名称，就无法为你再介绍新的顾客，不利于花店生意的拓展。至于花店起名字的类型，最好少用英文，虽说英文能让你的花店看起来更高大上，但不符合朗朗上口的原则，毕竟是在中国境内，并不是所有的国人都会读英文，如果英文名字起得不好，也将影响花店顾客的转介绍。同时由于英文可能会涉及语法问题，用错了还会贻笑大方，因此不建议过多使用英文给花店起名。但有一种情况例外，那就是把花店开在外贸区、使馆区、外国人与外企聚集的区域，给花店起一个英文名字将更有利于花店的销售与提升花店的档次感。

如果你计划将花店开得比较文艺范，可以从诗词歌赋中寻找灵感来为花店起名，但类似"花好月圆""百合花坊"之类的花店名称，应极力避免，因为即使是在中小城市中，这类的花店名称也太常见、太俗气了。

因此起一个既叫得响亮，寓意又好又不俗气的花店名字，并不是一件容易的事，需要仔细斟酌思考。有的人甚至为了给店铺起名还会去寻求名人的帮助，这些都需要时间，需要静下心来去做，在开店计划初期就应该准备，给自己留足充裕的时间。一旦花店名想好就不要犹豫不决、反复修改。将想好的花店名用搜索引擎查一查有没有与别人重名，是一个很简便的好方法，选定好的名称最好赶快注册确定下来，防止好的思路与好的名称被别人抢先采用。

7.3 了解竞争对手

7.3.1 竞争对手是谁

在选定自己的客户群并给花店定位后，必然涉及竞争对手的问题，竞争对手是谁？竞争对手是什么样的？竞争对手擅长什么？这些都应当了解知道，只有明了自己的"敌人"是谁，知道与谁竞争，才能知道如何去竞争。一个大中型城市的花店会在一定的区域范围内争夺顾客资源，小城市则是所有的花店同时竞争同一批顾客。

竞争是一件很重要的事情。有竞争意味着有压力，有压力则意味着有动力。如果一个花店偏安一隅，没有竞争对手或不知竞争对手是谁，很容易被花店的浪漫、文艺氛围带得不思进取，久而久之就容易形成不关注销售业绩只会得过且过，而不关注利润、不思进取的下场只有一个，就是赔钱，甚至关门大吉。因此，一定要关注对手是谁，对手是什么样的，并思考如何与对手竞争的问题。须知人外有人，天外有天，时刻关注对手，对自己严格要求，勤奋上进，才能立于不败之地。

值得注意的是，竞争应当是良性的，不应该为了与对手一较长短，而刻意地去打价格战。价格战即使是大企业也打不起，往往会与对手闹个两败俱伤，何况是没有深厚根基与经济实力做后盾的小花店、小生意。价格要制订合理，可以让利于顾客，但不能两家花店之间为竞争而打价格战，须知再竞争也是同行，刻意把价格压低，只会损害行业的整体利益，导致整个行业的恶意竞争，那样谁也赚不到钱。另外，关注竞争对手是谁，是为了促进自己的提高，而不应把全部的精力放在对方身上，更不应该为了竞争而向顾客诋毁对手，当你面对顾客说别家别人不好时，只会显得自己品质不足、品性不好，并不会因此给自己加分，反而会失去顾客对花店的信任感，使顾客对你产生厌恶感。顾客眼睛是雪亮的，我们尊重竞争对手，认真做好自己分内之事才是竞争之道。

7.3.2 竞争对手在哪

寻找竞争对手其实是为了促进自己，因此如果不知竞争对手是谁，或没有竞争对手，可以自己设定一个目标。例如，中小城市的花店可以把本市口碑最好、经营状况最佳的花店设立为自己的竞争对手，而一线城市则可以按区域划分确定本区域最好的花店为目标，也可以在本行业中寻找知名花店，将其定为竞争对手，或将同类型花店的知名品牌设定为目标。竞争对手的设定是为了让自己有追赶的目标与学习的榜样，是为了提醒自己不放松，以便提升花店的品质，因此可以设定跟自己花店同等量级的强有力竞争对手，也可以设定比自己花店更好更高的目标，督促自己努力经营，不断地创新。

设立竞争对手为目标，不一定要时刻盯紧对手，也可以与对手交流，向对手学习，要把自己的心态放平和。设定竞争对手是为了自己做得更好，而不是为了与别人结怨，因此一定要注意竞争的方式方法，去良性竞争。现实中有很多竞争对手相知相惜，既是对手又是伙伴，同时又是朋友。我们与对手竞争，是为了提醒自己天外有天，人外有人的存在，为了促进自己的提升，而不是为了与对手交恶，甚至恶语相向，拳脚相加。除了与对手保持良好关系以外，还可以随着花店业绩与口碑的提升，逐渐更换竞争目标。我们这里说的寻找竞争对手，不如说是寻找学习的目标更为恰当。

7.4　供货商储备

在开花店的前期准备中有一个非常重要的事项，就是供货商的储备。供货商的选择涉及你是否能拿到质美价优的花材，花材的新鲜程度与品质是否优良，以及价格的优惠程度，供货是否及时等问题将直接影响店铺业绩与店铺形象的好坏。在类似情人节、母亲节这样的节日中，是否能够拿到新鲜、价格合适又送货及时的花材，将影响到整个节日的鲜花销售成果与店铺的口碑，因此供货商的储备至关重要。供货商分为4个部分，每个部分所代表的供货商不同（图7-4）。

图7-4　不同供货商

有些花店通过与靠谱的供货商建立长久稳定的供应关系，能拿到市面上稀少的花材。包括新开发的新品种花材，畅销紧俏的花材，质量更好的花材等，以及在关键时刻能得到供货商的特别关照，并在重要时刻加急处理这些花店的订单、优先给予发货等。花店与供货商关系的好坏，全靠寻找靠谱的供货商并与之搞好关系。作为花店而言，有好花才有客源，才有钱赚。新开花店如何储备靠谱的供货商是一件重要的工作，千万不能忽略。

7.4.1 本地供货商

本地供货商非常重要，这一点会在需要加急花材以及花店紧急补货时体现出来。花店通常会接到临时订单，往往店铺现有花材不能满足加急订单的需求，怎么办？不接订单会损失生意，接订单又没有现成花材可用，这时就需要有与你对接的本地供货商了，他们能够在一天甚至半天内将你需要的花材紧急送到花店里。有时本地供货商还能帮你代为寻找一些特殊花材。只有这样，才能快速满足顾客的需求，在顾客那里留下好印象，从而让顾客下次有需求时还会再次来找你。

花店的日常补货量不一定很大，补充花材会让花店现有花材更饱满更美丽。有时本地上市的时令花材又便宜又新鲜，不必舍近求远从外地补货。因此花店的日常补货就需要从本地花商那里进货，与本地供货商搞好关系，也有利于花店日常的维护，减少花店的开销，节约成本。

有些朋友可能觉得本地供货商是中间商，会赚很多差价，不如绕开他们，直接从昆明进花更便宜。其实不是这样的，昆明的花自然进价便宜，一次性进很多花当然合算，但每枝花都要平摊运费，作为花店进货量不大的日常补货，就相当不划算了。更何况还需要算上运输时间以及少量进花时娇贵的鲜花在运输途中的损耗，成本核算下来，日常补货不如从本地供货商那里进花更划算。当然，本地的供货商会加价卖花，但这个价格往往在可以接受的范围内，因为价格里面除了包括鲜花进价，还有运费以及供货商的人工成本和利润，一般他们不会加价过高以免影响自己的销量。因此，在享受本地供货商服务的同时，也要接受供货商们加价这一事实，毕竟大家做生意的目的都是为了赚钱。

本地供货商（文后彩图7-1、彩图7-2）可以通过本地的花店同行寻找，诚心请求他们介绍靠谱的供货商给你，并与之建立良好的联系。维持与供货商的关系除了自己在每次进货时应当客气、礼貌地对待他们外，还不要太与他们斤斤计较，如果能与合得来的供货商成为朋友就更好了。

我时常在供货商的进花群里见到有店主对供货商横加指责，在群里谩骂或是不依不饶，这种行为多是因为花材的问题而引起的纠纷，但微信群因为有众多的人在，群里所有人都能看见，相当于公共场合，这么做其实不好。如果有质量问题，可以找供货商私下解决，相信他们会给你满意的答复，因为谁也不想得罪客户，断了自己的长久财路。在群里言辞激烈，除了显示自己的得理不饶人或者咄咄逼人外，其实什么也得不到，即使解决了问题，也会给别人留下不好的印象，进而会影响与他人合作的可能。同时由于与供货商的不愉快，也有可能会失去供货商的诚心相待，如果遇到心胸狭窄的供货商，事情更会越演越烈，甚至会让自己在本地无供货商可用、无花可进。这并不是说我们在遇到与供货商发生纠纷时，就要忍让，就要迁就，而是说要合情合理地去解决问题，谨慎小心地处理与供货商的关系。只有处理好与本地供货商的关系，才能在关键时刻要求他们为你提供加急服务，最终的目的也是为了更好地为顾客服务，树立花店良好的口碑，能更好地赚钱。

7.4.2 云南供货商

拥有可靠固定的云南当地供货商的好处，在于可以请他们帮忙拍到云南拍市的鲜花，也可以向他们要到新上市的新品种鲜花，同时还能以比较合理的价格，拿到更新鲜的鲜花，避免从本地供货商手里拿到冷库花，更可以有像玫瑰A~C等级的货源可供选择。在新店开业、婚礼订单与节日备货这种需要一次进大量鲜花的情况下，如果你有比较靠谱的云南供货商（图7-5），可以为你节省大量的时间、精力以及金钱。因为直接从原产地进货，能够以比较低的价格拿到鲜花，同时花材又会比较新鲜。但需要注意的是，因为涉及长途运输，需要跟供货商沟通好包装、保鲜事宜，同时也要考虑到长途损耗及运输时间，因此在进货时需要多预备一点，防止运输损耗造成花材数量不够，尤其是在预备婚礼订单所需花材的时候，更需要特别注意这一点。

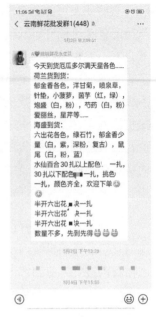

图7-5 云南供货商的进货广告

向云南的供货商订货一般都在中午到下午的时间下单，供货商会在当天晚上连夜打包，赶晚班的飞机发货，而上午供货商一般在休息或在基地收花，因此不便下单订货。而花店收到花的时间，以北京为例，通常会在第二天的中午到下午才能收到，通过北京中转的河北地区，还需要加上货运长途车的时间，类似内蒙古、新疆这样的地区，一般则需要再延后一天的时间，才能收到花。所以在订货时要向供货商提前咨询收货的时间，与供货商商量何时订货比较方便，类似婚礼订单的订货，更需要与供货商仔细反复沟通，确保无碍。

云南供货商不能与我们时常见面，有些甚至从未谋面，因此就像我们对待本地供货商一样，不要轻易地与供货商发生争执，如果出现质量问题，要尽量协商解决，因为更换云南供货商会更加费时费力，所以需要我们与供货商搞好关系。至于供货商的寻找，可以在开店前到云南当地亲自去考察寻找，最好多找几个，也可以通过同行的介绍寻找，这都属于比较可靠的方法。一旦关系确定，需要注意的则是与云南供货商的日常沟通、订货、结款等事项，由于很难当面完成，因此需要双方互相信任。作为花店方，应该做到不拖欠供货商的货款。只有这样，供货商才会积极地帮你订货、发货。尽量做到这一点，这不仅是与供货商搞好关系，也是诚信经商、诚信做人的原则之一。

7.4.3 国外供货商

除了从本地、云南进货外，有些高端花店还经常进一些高端的进口花，因国内有时会没有或货源不稳定、不及时，这样就需要从国外供货商那里进货。这里所说的国外供货商，并不是指从外国农场、花市、拍市通过国外的鲜花商人直接进货，而是指通过国内的代理商或国外花卉产业在中国设立的分公司、办事处等机构进货。有的这些国外供货商在中国还会有公众号、App小程序等便捷的新式平台（文后彩图7-3），可以寻找关注，并尝试进货。

国外供货商会有相当多的进口花材提供，进口花材往往以质量好、新奇特、价格高昂著称，有一般花店轻易不敢进、顾客也轻易见不到的别样花材。进口花材质量好、保存周期长、鲜花开放时间长，有实力的花店可以适当进一点，尝试着做一些高端商品售卖，但进口花材因为价格较高而受众较小，因此一般的花店在进货量上要谨慎。售卖鲜花以高端进口花材作为店里的主打或定位的花店，则更需要有这样的国外供货商支持，与之建立联系就是必要的了。这样的供货商，一般可以在国内行业展会上找到（文后彩图7-4），进口花材的供应商主要是一些有实力的专业花材供应商公司，另外也有一些专注做国外进口花材的个人供货商，即使作为普通花店，一旦遇到，也不要因为目前不打算做高端项目而轻易放过，与其失之交臂，要知道这样的机会并不会很多。现在不做，不代表将来一定不会做，可以积累下来，以备不时之需。

7.4.4 网络进货

现代网络发达，本地、云南供货商都会有微信群，基本已经实现通过微信群进货、发货，而进口花材的供应商也会做一些App软件或微信小程序供货，因此作为花店店主就一定要学会使用微信等软件下单、进货、转账等。

除了个人供货商用微信群订货、发货外，还有一些大的鲜花供应商提供App软件订货，通过手机我们就能看到鲜花的价格、品种，也可以直接与银行卡绑定进行订货结算，足不出户就可以订到种类繁多的鲜花，极大地方便了我们进货，节省了进货时间与精力。

网络订货主要还是预订云南花材，从云南发货，这种方式进货无法像与相熟的云南供货商那样提前沟通，只能如网购一样被动地等待快递或物流将你预订的货物送来，所以需要尝试性进几次货，从而掌握发货的规律以及物流时间。网络订货也需要计算物流运费，因此少量补货并不适合从网络上预订，还是应当以本地订货为主。网络订货更适合为节日备货的大量进货，时间充裕的话，提前预订这样价格会更加便宜。有些订货网站还会提供进口花材预订，为我们所进花材的种类提供了更多、更好的选择。现在比较常用的网络订货App有宜花、花礼网、花易宝等，可以从手机软件商店里搜索下载，也可以请有经验的同行推荐下载。

四种订货方式各有利弊，可以互为补充，交替使用。这样能让我们的花店开得更方便，也会让花店里的花材种类更丰富多样，其根本的目的是向顾客呈现质量更好、价格更合适的鲜花，以便吸引顾客经常到店选购，从而增加花店的盈利。我们在经营中应该通过实践，选择最适合自己、最方便的进货方式，不必教条地要求四种订货方式都具备，但在开店前期的准备阶段，还是应该尽量留心并多准备好几种进货方式，以防万一，有备无患。

第 **8** 章

开业准备

要开一家花店，除了要在技艺与进货渠道上做足准备外，还需要为花店实际开业做准备，这涉及办理营业执照、纳税、房屋租赁、装修、宣传、开业等方方面面，只有把准备工作做充足了，才能保证花店顺利开业。对于一个初起步的花店来说，任何一方面的缺失或准备不充分，都将影响花店的正常开业，宣传做了，客人都来了，花店却开不了业，将会把自己置于尴尬境地，因此为开业提前做准备不容忽视。

8.1 经营合法化

法制时代，一切都讲究法，花店店主要懂法、知法、按法规来办事，在开店前认真学习有关商标注册、企业纳税、企业注册等相关法规，并严格按照法规办事，不要以为法律只是给自己添了麻烦，实质上，法律除了限制你随心所欲外，还保护了你的合法权益，只有按照规章办事，才不至于因自己的一时不懂法、不守法或是疏忽大意而给自己留下隐患，从而损害了自己的利益。

8.1.1 注册的选择

花店经营要合法，首先要取得经营许可。经营许可即营业执照，可以根据你的需求选择注册个体工商户或有限责任公司。

（1）个体工商户

一般而言，注册个体工商户是花店店主们的主要首选，好处是注册资金相对较少，缴纳的是定额税费，但开发票的税额相对有限。个体工商户的资质意味着承担无限责任，即如果店铺有任何纠纷需要承担或赔偿时，除了以店铺和店铺资金赔偿外，店主的家庭亦相应要承担风险。个体工商户的注册与运营相对简单，但这也意味着可以承载的经营服务也相对简单，一些企事业单位的大型工程及需要招投标的项目运作一般会拒绝与个体工商户合作。因此，如果立志要把花店做大、接更多大型业务及订单的花店店主，不如一开始就不要选择注册个体。

（2）注册公司

有限责任公司相对个体工商户而言注册资金较多，并需要根据店铺每月的实际营收缴纳税，税务与会计业务相对比较复杂烦琐，需要专业会计来完成。小公司或业务不熟悉的店主可以寻求专业会计公司代办，这样省时省力，每个月额外支付的费用也并不高；另外一种方法是聘请兼职会计帮忙处理，只需兼职会计每月定点定时帮忙缴税与财会结算，也不需要费时费力。注册有限责任公司的好处是为日后的业务拓展留下可能，因为对外看起来会比较正规，一些正规的公司及单位更愿意与这样的花店合作，开发票也相对方便。有限责任公司承担的风险仅限于公司或花店，遇到一些债务问题不会涉及家庭及个人。

具体的注册及缴税问题需要咨询当地相关行政部门，现在，行政办理已逐渐简化，不再需要跑很多个部门，通过政府设立的行政大厅大部分业务都可以一站式办理。尤其注册营业执照等可以利用装修店面的时间来办理，这将为你节省很多时间，需要提醒注意的是，工商注册一定要在店铺开业前办理完结。

8.1.2 经营范围尽量广

有一点需要提醒的是在经营范围中，尽量争取经营范围广一点、深一点，因为现在的经营观念是交叉经营与异业联盟，谁知道哪天你的花店里会不会卖蛋糕、饮料又或者哪天你的花店里卖起了衣服呢？因此给自己留有余地，少给自己的经营设限，不对自己的经营思路设限，才是最好的经营方法。

8.1.3 商标注册

花店除了要先进行企业注册外，还应尽早把自己想好的花店名称、店面LOGO进行商标注册。原因：一是注册成品牌能够让自己的花店更加正规与帮助花店品牌化；二是防止自己苦心经营的品牌被他人冒用。商标注册原则为谁先申报谁先得，若同时注册则谁先使用谁先得，既然想要开家有品质的花店，就要学会用法律武器保护自己的合法权益不受侵害，是极为必要的。

8.1.4 其他

商标注册后，另一件要抓紧办理的事情是到公安局指定地点刻制印章、办理银行开户等，除了申办工商、税务手续外，还需要接受城管、街道办事处的管理以及卫生、防火等方面的检查，可以详细咨询已经开店的前辈。具体流程也可以通过网络搜索搞清楚顺序，这些程序虽然烦琐，但必须一一办妥以便让自己的经营合法化，有条理的店主通常会在装修间隙穿插去办，只有取得经营许可才可以开店做生意，才能让自己的花店合法经营。

8.2　选址

花店开在哪里很重要，店铺位置的选择，客流量大小，都会直接影响店铺的销售业绩。因此花店选址是一个花店继定位后的第二要务，花店只有选好位置后，才能开展后续的经营注册等一直到开业。选址的重要性不言而喻，开店后到底是"酒香不怕巷子深"还是"酒香也怕巷子深"，就要看花店定位与花店的经营策略了。

我们本着"酒香也怕巷子深"来阐明花店选址的重要性，店铺位置到底选在哪里，如何选，将根据花店的定位来决定。先明确你的顾客是什么人，在哪里，再根据此来决定店铺的位置：繁华商圈、高档住宅小区、医院附近、高端商务区、学校附近、普通居民区或其他（图8-1）。

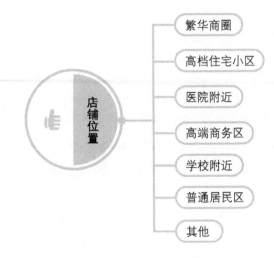

图8-1　店铺位置选择

8.2.1 繁华商圈

成熟的繁华商圈意味着客流量大，花店选址这里能够具备先天顾客优势，不需要费心寻找顾客，就能坐拥庞大顾客群体。如果所选地址周边还有高档商场、酒店、KTV等人员聚集场所，将更加利于花店的销售，只要经营得当就能日进斗金。但这种地方的店铺较难租到，因为人人都知把店铺开到此地可以赚钱，也就很难有人退出，一旦此地有店铺出租，一定会有很多人竞争，房东往往会择价格优者而出租，相对而言，花店的竞争优势并不明显。此种地理位置还有一个弊端，因为地处热闹商圈，房租贵，高昂的店铺租金对于刚起步、无法预估盈亏的花店而言，往往难以承受，一般会令多数店主望而却步。

开在此种位置的花店，通常需要装修高端，布置精巧，还需要配以有品位的花卉商品，如果店铺有比较大的橱窗，一定要利用好橱窗优势，做好陈列以吸引顾客进店，只有成功地把顾客吸引进来，才有机会成交，否则即使客流量再大，客人不进店一样无用，只会白白地承担了高昂的店铺租金。

如果花店的定位与自身的经营实力不足以支撑一个比较有特色又很有档次的店，而且产品与服务质量也一般，那么把店铺开在此种位置，不但不能增加收入，还会因此对花店经营形成拖累，但如果一开始就已经租下了此种商圈的店铺，不妨据此重新定位花店的经营方向与策略，放手一搏。

案例1

厦门是旅游城市,有着得天独厚的旅游资源,很多的商店利用这一优势,把店面装修成小清新的感觉,而大受游客欢迎,成为到厦门旅游必须打卡的网红店。很多的百货店、食品店等店面都会或布置鲜花绿植,或布置绢花、干花,令店面看起来像花店一样,成为游客心目中美好店铺的代表,很多店铺还设有可以休息拍照的区域,让顾客可以在店铺里随意拍照、浏览,如果你愿意分享到朋友圈里,往往店铺里还会有优惠给你。

厦门某花店(文后彩图8-1)位于厦门市中心SM广场商圈,这家花店背靠SM广场的地面停车场,对面是SM的沃尔玛超市出口,可谓是绝佳的商圈花店,只要商场在营业,这家店的客流就不断。这家SM广场店主要面对厦门本地市民,不针对游客人群,坐落在本地市民逛街的商圈及超市范围内,主打鲜花制品,并没有设顾客休息和拍照的区域,但却因为鲜花的数量庞大与种类的繁多而步步是景,到处都可以拍照(文后彩图8-2~彩图8-5)。

很多顾客在逛完商场或超市后,会顺便到店里选购一盆鲜花或带一把鲜切花回家,因为这里的花定价不贵,摆放又极为吸引人,因此花店的顾客络绎不绝。店面以货物集装箱改造,正前方全部是通透的玻璃,透过玻璃,可以看见在室内灯光映射下的姹紫嫣红的鲜花;背面仍保留集装箱的样貌,灰色调的整体装修风格与街边建筑很容易融为一体。店面门口的室外区域,也摆满了各式各样的小盆栽绿植,还有一些室外大型植物点缀其间,非常地吸引顾客驻足观看、挑选。

其实,把这家花店比喻成鲜花超市,要更准确些,因为这家花店的老板据说是当地鲜花批发行业的巨头,垄断了当地80%的鲜花批发市场,当地有名的花市一条街大半的店铺都是他的,而这家店作为鲜花批发的终端展示店,出现在SM广场的目的,便是直接面对顾客销售,它有便宜合适的货源,可以把鲜花及盆栽等价格做得很低,即使是面对逛超市之后的大爷大妈,也完全能够以低价、打折的商品吸引他们购买。

相对而言,这家花店的定位不属于中高端消费人群,薄利多销才是它销售的诀窍。

而就形象店来讲，这家花店也无疑是成功的，只要顾客经过那，想不留意它都不行，并且这家花店在当地非常有名。

这仅仅是老板在当地的一家花店，在花艺行业，其还涉及鲜花批发、花艺培训、形象花店、加盟花店等一系列的内容，从上游到下游自给自足，形成了一条完整的花艺产业链。

不得不佩服这家店老板的眼光与独到的想法，就经营而讲，把店面开在此种位置却定位在普通大众身上，是独具慧眼的。

8.2.2 高档住宅小区

高档住宅小区的居民通常比较有经济实力，能够接受新鲜事物与更有品质、价格更高的东西，因此如果把花店开在此类地方，需要花费心思好好经营。首先是店面装修要有品位，有特点，然后店内的陈列以及出售的鲜花需要有独特性与新鲜感，同时因为在住宅区开店，可以经营一些盆栽绿植，以能去除甲醛类的植物为主，一定能够卖得很好，还可以提供一些比较个性化的家庭定制插花服务。

高档住宅小区附近的店铺，门前最好能让客户可以随时停车，或给自己的客户预留停车位，如果离小区较近，选择在顾客出入必经之路开店也很好。高档住宅小区的物业管理严格，如果能够跟物业搞好关系，定期为业主做一些活动，或赠送小朋友鲜花等方式也将能帮助你取得不错的口碑，以及更多的订单和知名度。

如果选择在此类区域开花店，同样也需要承担相应较高的房租，并且要求店主能够为花店提供与众不同的经营思路与经营产品，同时由于此类小区的顾客见多识广，需要为他们提供优质的服务内容以及要有良好的服务态度。

案例2

天津的立夏花店（文后彩图8-6），位于天津市高档社区海河大观三期底商，是一家非常有格调的花店。花店前身是商场店，三个姑娘合伙做商场店的直观感受就是累，因为需要跟着商场里的时间走，商场几点开门她们就得几点开门，商场几点关门她们才能几点下班，这不符合卖花姑娘们的要求。于是她们一边经营，一边去外面寻找合适的铺面。

经过半年多的寻找，终于在2018年的夏天，三个姑娘把店铺迁到了高档社区，租了一个上下两层170平方米的店面，认认真真地装修，连墙面都是自己设计，自己绘画，然后热热闹闹地开业了。这家店铺一年房租27万元，加上水电费、物业费，妥妥30万元的成本，压力可谓巨大。但这三个姑娘很有主意，开店前就给花店定位服务于中高端顾客，利用商场店铺过去的老顾客资源，开发新高端社区的顾客资源，就这么把店铺运营了下来。她们分工明确，安排妥当，开店前一个姑娘去学了甜品制作，另外两个姑娘去学了花艺，于是开店后，比较有经营头脑的姑娘负责店铺运营，另外两个姑娘负责在店里实际操作，一人做花艺一人做甜品。

立夏花店的经营范围包括商业花礼、花艺沙龙、花艺讲座，店里还销售一些她们做的各式各样的手工制品，为本区域的顾客提供花艺、绿植家居软装饰设计（文后彩图8-7），同时最有特色的是她们店里有纯手工制作的、无添加的甜品和鲜花蛋糕。店里除了零售各类商业花礼（文后彩图8-8、彩图8-9）外，还有会员充值服务，1000元储值就可以成为立夏的会员，能够享受到店里所有在售商品的优惠，以及可以参加每周的花艺沙龙活动。顾客在花店的二楼（文后彩图8-10、彩图8-11）可以听着舒缓轻柔的音乐，一边参与花艺沙龙活动，一边吃着店里特有的小甜品，旁边还有立夏花店的萌宠猫（文后彩图8-12）夏夏、咖啡、牛奶，让人非常地惬意与舒心。另外，三个姑娘总是非常精心地装饰布置花店的每个角落，花店各个地方都可以拍好看的照片，很符合现代分享经济的精髓，因此，很多顾客都愿意在店里驻留，并喝个下午茶，体验一下花艺沙龙。

这是立夏花店非常成功的地方，它是一个具有成为网红潜质的花店，但同时也应该看到一些弊端。由于运营成本巨大，三个姑娘应当把重心放到销售与经营上，寻找更多的利润增长点，比如如何打造网红花店、如何吸引更多的顾客，以及现有顾客的深度开发，如果能够嫁接一些产品，做到令同一个顾客不停地在店里消费，以及同样的产品，顾客可以重复购买会更好。因为单纯靠花店的环境吸引顾客无法长久，顾客总有看习惯与看腻的一天，花店的顾客也不可能总在花店里买花礼，需求是有限的。如何利用有限的顾客资源，无限制地开发与产生利润，是一个已经成规模的花店应当考虑的问题。

8.2.3 医院附近

医院附近开鲜花店，主要销售的是一些用来看病人的鲜花，甚至可以准备一些果篮与丧事用花。可以提前准备一些包装好的不同价位的花束，供看病人的客人直接选购，快速购买。在这个区域选择开花店，花店没有淡旺季之分，但也无法通过此种区域取得花店长足发展，这主要与你的客户定位以及花店定位有关。因为在医院附近开店，面对的是无法停留过久的客户，主要以快销花束为主。不过花店还可以把销售眼光转换到医院的医生、护士身上，在做他们的生意的同时开拓与医院的合作渠道，每年的护士节、妇女节也将是大赚一笔的时机。

8.2.4 高端商务区

高端商务区也是比较理想的开店选址之一，这个地段的人群通常有较高的收入以及较好、较新的意识，"小资"情调浓郁，鲜花会成为必需品，同时这些人往往会因工作的繁忙与快节奏的压力，导致精神的高度紧张，因此也需要鲜花的慰藉，商务区的白领阶层好攀比，也容易互相影响，是非常好的营销对象。但高端商务区的房租也会较贵，房租压力大的同时，还有另外一个弊端：将花店开在此处，效益会受所处位置的公司工作时间影响，工作日与休息日客流区分明显。

这个位置的花店，除了需要有吸引人的橱窗，以及售卖特色鲜花外，还可以增加类似周花、月花的鲜花包月、包次会员服务，如果有条件的话还可以开展花卉企业租摆服务、大堂插花与迎宾花篮的售卖等；另外还可以通过在店内增设环境优雅的卡座，提供饮品服务等方式，为需要临时会客的顾客提供优质服务。这些方法将有效地为花店增收。需要注意的是，把花店设在商务区，除了房租较昂贵外，商用水电也贵，物业管理比较好的同时收费也会较高，也不一定有专用停车位提供给顾客。

8.2.5 学校附近

这里说的学校指的是大学，最好是大学城或大学聚集区，此类位置面对的直接顾客为大学生与大学老师。年轻人爱玩喜欢浪漫，因此制作一些有特点、新奇又可爱的小型花束、盆栽、桌面绿植等将会很受大学生的喜爱，如果能够同时提供年轻人交流、看书、学习的场所，将更会吸引学生进店，店里因此可以兼之售卖一些新奇有趣的小玩意或者饮品，以吸引更多的学生停留。大学区的花店淡旺季明显，开学后以及教师节、圣诞节等学生在校的节日将会是学生消费的高潮，而寒暑假期间则会门可罗雀。因此要抓住学生在校期间的有利时机，搞好这一时期的经营与销售，争取在两个学期的时间里完成全年的运营销售收入，在淡季可以开展一些其他业务，为花店的收入进行补充。

案例3

杭州的某花店坐落在杭州下沙高校区，店周边大学林立，对面就是浙江传媒学院，交通方便，居民很多，是非常典型的大学校区花店。这家花店以网红花店的模式进行装修，店面门头设计非常有特色与新意（文后彩图8-13），像一个礼物盒子，采用粉与蓝两种颜色碰撞搭配，辅以金色作为点缀，店内设有可以拍照的区域（文后彩图8-14～彩图8-16），方便顾客和慕名而来的人拍照留念。

这家店的店主原先是做现磨咖啡的，由咖啡起家做起花店，店里聘请专业花艺师进行打理。60～80平方米的店面，只在橱窗位置摆放少量的鲜花（文后彩图8-17），中间区域做成了开放式现磨咖啡操作台（文后彩图8-18），顾客需要绕过操作台，才能走到店后面的区域。因此整个店的设计是顾客要么在店里买鲜花做短暂停留，要么在店内买饮品咖啡，才能走到店后方进行拍照，而整个店由于咖啡操作台占了最中心很大的一片区域，鲜花反而较少，因此，店内实际看起来更像是一家经营咖啡饮品的咖啡店。

在高校区，有很多饮品店存在，年轻的学生们都很喜欢天冷时来杯奶茶或咖啡，天热时来杯冷饮，但作为一家以鲜花为名的花店结合咖啡，显然是不合时宜的。店里除了日常的花束、花盒外，没有其他的额外销售产品，连学生们喜爱的小盆栽、桌面绿植都没有，而各种花艺沙龙、花艺讲座也没有开展，经营内容与项目比较单一。装修看起来是一家新型有品质感的花店，但实际的经营内容缺乏，更像是一个包装精美的传统型花店。在高校区花店的店面租金不高，但因为把学生作为主要消费群体，就营业收入来说，是无法保证花店长期生存的，毕竟，学生消费咖啡比较少，因此，这家花店处于不盈利的状态。

这家的店长是一个非常有才华的男性花艺师，他正向他的老板提出一些经营上的合理化建议，比如增加经营项目以及改变销售策略等，但是他的老板并没有给他及时的反馈。我们可以推测在经营上，店长与老板之间的意见有分歧。由于这家花店的经营缺失，长期亏本是在所难免的事情。除非这家花店的老板能够持续承担经营亏本，又或者其能够采纳店长的建议，进行经营思路转变，不然倒闭是早晚的事情。

8.2.6 普通居民区

选择普通居民区开花店，好处是房租相对便宜，可以根据自己的实际需求，挑选合适的位置和面积租房。小区周边生活便利，因为地处普通居民区，花店选址在这里除了可能面对众多小超市、餐馆的喧闹外，周边居民的消费水平低，也意味着客单价需要相对低一些。由于居民晚上一般会外出散步，要注意随着季节不同带来的人流量也不同，花店的相应经营时间也需要延长，同时花店还需要注意灯光、音响设施安排，不要扰民，以防街道居民投诉。此类位置的花店可以多售卖一些美化居室环境的绿植，孩童喜欢的多肉，还可以在节日期间推出一些优惠活动，或家庭插花包月服务。并且，也可以提供类似花艺沙龙、花艺培训等丰富多彩的花艺活动来吸引人气。薄利多销与亲民的优质服务，将是此类店铺最好的经营方式。

案例4

昆山的某花店就是开在居民区的一家花店，昆山被称为上海的后花园，环境优美并民风淳朴。花店的地理位置其实算极佳的，背靠居民区，面前是马路，店铺对面是昆曲剧院，唯一的问题是花店门口无法停车。

我遇到这家花店是在一个下雨的晚上，春雨缠绵而花店依然营业，这大概就是所有选择开在居民区的花店需要坚持的，就是营业时间相对延长，因为你不知道居民什么时候还会需要用花，什么时候顾客又会上门。店主是一个美丽的姑娘，在苏州学习花艺后开了这家花店，如今每周定时要去上海进花，拿回店里的花悉心打理后再卖给周围的顾客。开在居民区的花店也不例外会经常遇到顾客砍价的情况，店主唯有尽力周旋并尽量为顾客做出满意的花礼，取得顾客信任后期望其成为老顾客而不再只关心价格不关心质量。

店内的格局很明显是用居民楼的一楼改造完成的，实际面对顾客的展示空间（文后彩图8-19、彩图8-20）只有30平方米左右，除了陈列各种鲜花外还有店主花心思布置的各种装饰品，主打温馨之感。

8.2.7 其他

天遂人愿当然好，但现实中往往计划赶不上变化，计划好了开一家什么样的花店，在什么地方开花店，但有时候并不一定能够令人满意，此时不需要惊慌与着急，因为现代人的观念已经开始转变，实体店铺与工作室相结合的方式也许更适合现代人的口味，"酒香不怕巷子深"，有些年轻顾客反而更喜欢猎奇，往往会去寻找一些隐藏较深的店铺。很多花艺工作室把线上与线下相结合，做好宣传引流，把废旧厂房、老旧民居、小巷子里的四合院等类似地点加以改造，或以清新的装饰布局，或以与众不同的格调做宣传，诞生了一批各种风格的网红店。因此也不一定非得把店铺选址在上述六种地方，另辟蹊径也许会收到很好的效果。

此类店铺虽因"养在深闺人未识"，需要花费心力着重打造与精心布局规划，但同时因为店铺的地理位置没有优势，所以房租低廉。不过，这些地方开花店花费在装修布局上的金钱以及宣传引流上的心血会更多，并不适合所有花店店主运营。此类店铺的定位一定是独特吸引人的，并且产品也应当多样化并具备独家特色，在店铺的运营上需要有与众不同的方式方法，力求吸引眼球，把顾客尽快吸引到店，故而此类店铺无疑将花费巨大的心力与心血，这种店铺通常不是依靠雇人就能完成运营的，一定需要店主亲力亲为，因此对店主个人综合素质与能力要求较高。有时，店主本身也需要进行形象打造，把自身变为店铺的活招牌，此类地理位置的店主，需要不停地拓展人脉关系与不间断地学习，才可以与时俱进。

在选址上，其实有很多的方式方法，有些花艺学校的花店班也会教授选址方法，同时也可以借鉴前人的经营来补充自身知识的缺失，尤其是门店销售类型的店铺选址方法。其实万变不离其宗，均可借鉴。

值得提醒的是，店铺选址前六项均需要有客流。客流的观察方法非常简单，在你看好一块店铺位置后，先不要急于租赁，而是静下心来，在此位置观察早、中、晚等不同时段，店铺门前经过的人数，并做好记录，通过休息日以及工作日的观察，可以准确掌握客流量的多少，来判断是否可以把店铺选址在此位置。

案例5

　　某花店位于厦门沙坡尾艺术文化区，沙坡尾是一条非常有特色的商业街，整条街的店铺都装修得很吸引人，能够让行人驻足停留，但这家花店却是在背街的那一面，需要穿过小弄堂，才能找到其踪影，店对面过去是给船只停靠检修的湖面，不远处是厦门世贸大厦，与厦门大学只隔一条街。这家花店就属于"酒香不怕巷子深"的类型，店面三层楼，一楼为花艺（文后彩图8-21），二、三楼为饮品休息区（文后彩图8-22和彩图8-23）。整个店面以自然风为装修基调，清新自然，由于厦门是旅游城市，因此所有的店铺都对只拍照不买东西的游客见怪不怪，这家花店也是如此，你可以在店里随意走动参观，不会有人来干扰你。

　　店里除了提供咖啡等饮品外，还主要经营时尚花礼，售卖各种花艺手工制品，也能够承接花艺沙龙、宴会等，店面也有专门的展示空间，既展示了花艺设计，又能作为很好的店面装饰。

沙坡尾是当地人以及游客都会去逛的地方，休闲感很强，这家店以此为背景，在网上也受到众多青年人的喜爱，店内可以坐下来静静看书与喝下午茶，是不错的休闲去处。但同时也因为空闲地方过多，单纯靠某一两项经营内容，很难吸引顾客一直光顾，这家店如果能多增加一些经营项目会更好。由于店内一楼稍显拥挤和杂乱，如果不是特别去网上查过评论，新客人很容易忽视掉可以喝下午茶的二楼和三楼，因此应该在现有格局上做一些调整，让一楼更丰富，二楼用来顾客休闲，三楼做办公与制作产品的场地，把空间利用得更加合理。

8.3　房屋租赁与购买

花店选好址后，可以视情况而定进行租赁或购买，一般情况下转租或转让的房子建议谨慎选择，因为转租的店铺涉及二房东的租赁与合同签订，一方面容易被人骗，另一方面在租约到期后再与房东签订合约时房东可能会涨价。而转让的房子大多数是因为经营不善，店开不下去才进行转让，通常转让人会通过转让费挽回损失，并处理掉店内的家具、家电，有些家电本身陈旧却又折成费用含在转让费里，如果接手很不划算，不如买新家电更合适。因此转租、转让的房子一定要谨慎对待，不到万不得已，尽量不要选择。

租赁房屋需要与房东签订正式的租房合同。如果看好这个地段，尽可能与房东签订一个时间长一点的合同，比如3~5年的租赁合约，一来防止房东因为看你店铺经营得好，每年都要涨价，二来防止你刚刚把店铺经营出名气，房东却要赶你走以便提高租金。租赁合约需要仔细订立，本着双方互利的方式不被人坑，也不坑人。

还有一种，如果经济条件允许又时机合适，比如房东打算卖房或者是新的商业门面出售，看好未来这块地段的商业前景，可以适时出手买下商业门面，一来作为花店用途，二来也可以作为商业投资。

8.4　装修

选好店址租好店面，就可以进行装修了。花店的装修不可忽视，在装修的同时，可以进行花店经营手续的办理，以及抓紧时间再对自身进行知识的拓展与提高。装修房屋本着两个原则：**一是所用材料要环保、安全；二是要经济划算。**

8.4.1 花店装修材料要环保

花店里用材用料要尽量环保安全，因为店主和店员经常待在花店里，除了首先要保护自身健康安全外，装修材料散发的气味也会对鲜花有影响。更重要的是，当顾客走进一家因刚装修而气味刺鼻、辣眼睛的店里时，往往会选择尽快逃离，不仅很难静下心来成交商品，而且还会对这一家店留下一个非常不好的第一印象，更遑论以后会成为老顾客了。

8.4.2 如何进行花店装修

花店装修应充分考虑花店定位、未来花店的构想以及花店的陈列方式。建议装修前在脑子里构思大致蓝图,聘请专业设计师与施工团队打造花店,为花店装修出特色。自己亲力亲为固然会比较省钱,但专业的事更应交给专业的人去做才会更好,同时也为自己省下跑建材市场的时间,去办更重要的事情。

需要注意的是,在与设计师沟通的过程中,因为设计师与施工团队的专业是如何装修,并不是如何开花店,因此关于花店的专业需求,需要提前跟装修团队讲明白,以防装修出一个华而不实的花店。这其中有一个最重要的细节必须要跟设计师提前沟通好,那便是花店内用水和排水要方便。花的日常打理离不开水,因此设计合适方便的上下水系统,保证取用水简单方便,脏水、污水有地方倾倒,并且不会因为水里的花叶、花刺堵塞下水道,则尤为重要。

花店内的灯光照明也同等重要,冷暖光的交替运用、个别陈列物体的特殊照明、店内橱窗的照明、轨道灯的设置以及照明灯瓦数的选择等都需要格外注意。鲜花怕受热,尤其在射灯的选择及打光上要注意,不要让射灯的灯光直接照射到鲜花上,以防花被烤焦。另外花店外霓虹灯等醒目的灯光(文后彩图8-24),在夜晚可以使花店更加醒目与美丽,这些都应整体考虑进花店装修的范围内,以便提前安排布置。

花店的墙面及地板的防水处理,也是装修时要考虑的一个非常重要的环节,除了整体装修风格要与环境相搭配外,因为需要经常打理花材与处理植物,免不了地面会有水、泥及墙面受潮等问题出现,还需要咨询专业施工单位如何处理,与设计师沟通如何在保证花店装修效果外,着重防潮、防脏处理,为日后花店有效运营节省时间与精力,以免到时一大堆烦心的恼人琐事弄得人焦头烂额,由此耽搁了生意。

另外,因为花店的特殊性,未来运用到的工具、产品、包装纸、包装盒等各种杂物将会非常多,最好专门开辟出一个储藏空间,把这些东西隐藏起来,保证花店店面整洁而不杂乱,开业后既能储藏大量货物又不会被顾客发现影响美观。

花店除了展示区、运营区外,更加要注意的是储藏区与操作区,因为当花店面临重大节日、大订单需要备货时,鲜花、包装纸、包装盒、花泥等都需要一次性大量囤积，既需要有地方储存又需要有地方打理，有制作成品的空间，因此在装修设计时，要提前规划出店面布局，提前将要求多与设计师沟通，将有助于未来花店的合理利用以及使日后的经营更加方便。

8.5 人员招聘与培训

我的朋友因为招到的员工不合适，导致员工隐瞒收入，最后不得不关门大吉。我也曾在服装店做店长时遇到不听话的员工，大量的时间与精力用在了管理员工上，从而顾不得销售业绩，得到业绩下滑的教训；也见识过因为员工口出恶言，与顾客厮打成一团，导致店铺赔钱最后开除员工的事件。类似这种因为员工的问题，导致店面损失惨重的教训比比皆是，这里除了员工自身的问题外，关键还在于店主。如果当初"睁大眼睛"，仔细考核他（她）；如果当初招人时就知道他（她）是这样的人；如果当初培训他（她）时对他（她）说过的这句话重视一下……这样的后悔之词是很多有类似遭遇的店主都曾发生过的感慨，作为一个新开业的花店店主，你会吸取前人教训么？

8.5.1 什么样的人不能用

（1）人品不好、偷奸耍滑的人不能用

这样人品有问题的人任何用人单位都不能用，何况是面对顾客的销售门店，例如那种有偷窃行为或隐匿店面收入的员工都在此列，这种员工会为店面带来难以估量的损失。偷奸耍滑的员工不适合花店烦琐的工作，尤其在节日期间需要加班或者干很多的活。偷懒的员工除了能为你添堵外，并不能有效协助你的花店，不如不用。

（2）情绪不稳的人不能用

动不动暴跳如雷，冲动、易怒，或者怨天怨地怨顾客，这样的人不能用。因为是销售门店，员工经常会直面顾客，也需要处理售后、纠纷等，顾客口气不好等情况时有发生。如果你的员工不能控制脾气，动不动跟顾客吵架，无疑会得罪顾客，导致客源损失，更严重的，万一发生员工与顾客动手的事件将对花店产生灾难性的

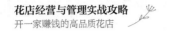

影响。这类员工除了会怼顾客、与顾客发生冲突外，有时甚至也会与老板发生冲突，花钱请"大爷"回来是不明智的行为，因此情绪不稳，经常把个人情绪带到工作中来的人不能用。

（3）有不良嗜好的人不能用

比如有赌博、吸毒、与黑社会交往等这类行为的人不能用，更加需要注意的是，那些深陷贷款套路、欠高利贷的这类人往往隐藏比较深，要仔细甄别，一经发现一定不能用，因为这类人很可能会因债务缠身而走极端，不仅有席卷店里的钱款跑路的可能，甚至可能发生以花店名义借债、贷款等行为，从而给花店及店主带来无穷无尽的麻烦。

（4）不论如何教，就是不开窍的人不能用

说到底，花店用人属于技术工种，虽然可以招那种一无所知、白纸一样的员工从头教导，这样他（她）反而会更适合你的风格，但一旦遇到虽然很勤奋好学，却怎样都学不会、不开窍的员工，既费时费力又不符合经营成本，这样的人就不能用。这话说得或许有些无情，但必须如此。因为，你开的是花店，做的是生意，首先要考虑的是付出与回报的比例问题，人工培训成本也应算在花店成本之内，你做的不是免费的社会福利培训机构。还是老话说得好：到什么山唱什么歌，干什么吆喝什么。这样的人还是交给专业培训机构，让他（她）去学习一技之长，这样对他（她）对你都好，反而更负责些。

8.5.2 招什么样的员工

（1）人品好又勤快的人

与不能招的人相反，人品好又勤快的人首先就可以招。这样的员工用着舒心又放心，只需要稍加培训，制订相应的规矩就可以放心把店面交给她（他），让其作为你的得力助手，能够事半功倍。

（2）勤奋好学又一点就透的人

勤奋好学又一点就透的人可以用。这样的员工可以好好教并好好用，你一定会觉得其用得顺手无比并且会有当老师的成就感。如果碰到了这样的员工，相信你们

会合作得很愉快。

（3）脾气好、乐观开朗的人

脾气好、乐观开朗的人可以用，这样的员工除了不会轻易与你发生口角外，还将是你的开心果。谁不愿意与让自己开心的人在一起呢？你是如此，你的顾客更是如此。一个每天都会对顾客笑脸相迎的员工，一定会成为你店里的"招财猫"，售后、纠纷让其去解决，会得到很好的效果，事半功倍。这样的员工就是店里和气生财的好员工。

8.5.3 开店初期的员工培训

招来了合适的员工后，要进行相应的上岗培训，比如店里设备设施的使用、开门打烊的时间、店内产品的定价、店内销售产品的原则、店内的卫生规范、员工的作息时间等，经过简单初步的培训后，才能让员工上岗，并要有试用期，以便观察员工的品行与职业素养。所谓无规矩不成方圆，只有经过初期培训的员工，才知道工作的内容，知道其言行举止等规范，才能在日后的工作中对你进行有效协助，做好店内的工作。一般开店初期，为了能让店面顺利开业与前期运转，只需要对员工进行简单的上岗培训即可，但这并不是说在日后的经营中就不需要进行员工培训了，恰恰相反，在日后的工作中，员工作为店内运营的重要环节，需要时刻注意，时常要进行员工的培训。

8.6　进货

店面装修差不多了，员工也找好了，就可以择期开业了。在开业日期定下来后，首先要做的事情就是进货。店内要有货品陈列，有鲜花售卖，有装饰摆放，要把店充盈起来才能开业，不然顾客进店后，看着空空如也的店面会有什么印象？允许在试营业或开业初期有不完善的地方，也可以在开业后再逐渐丰富店铺和经营内容，但一个花店开业时一定要有鲜花及相应的衍生品。

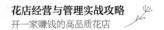

8.6.1 如何进货

通过我们前面讲的，有合适的进货渠道，有选择性进货外，刚开业不需要囤积大量的鲜花与耗材，鲜花能够装点店面，够开业用即可，耗材也是如此。

影响进货的因素有很多（图8-2），同时因为开业前期没有过多的经验，顾客也没有对你的花店形成信任，少量进货反而更加稳妥，但特殊情况除外。例如前期因宣传到位，已经有大量顾客预订订单，或者选在类似情人节这样重大节日开业等，可以在开业前备足适量的鲜花及耗材，以备节日所需。如果进货方便而又恰巧开业时间选在夏天，建议开业时的第一次进货量小些，一周最少可以进两次花，以保证花的新鲜。

图8-2　影响进货的因素

（1）进货数量

在进货时需要明确鲜花的品种与品质，结合当地实际情况与鲜花采购商距离的远近，确定进货的数量。一般花店常用鲜花进货见表8-1。

表8-1 花店常用鲜花进货表

品名		颜色	数量（扎）		
			大店（100㎡）	中店（50㎡）	小店（20㎡）
主花	玫瑰	红	7	4	2
		白	4	2	2
		粉	6	3	2
		香槟	3	2	2
		其他	3	2	2
	百合	粉（香水）	4	2	1
		白（铁炮）	2	1	选择性
		白	5	2	1
		其他	2	1	
	非洲菊	红	6	4	1
		粉	4	2	1
		黄	3	2	1
		桔	4	2	1
	康乃馨	红	4	2	1
		粉	3	2	1
		黄	4	2	1
		紫	2	1	1
		白	3	2	1
		绿	3	2	1
辅花	绣球	粉	3	2	1
		白	4	2	1
		蓝	3	2	1
	小菊	各色	4	2	2
	洋桔梗	香槟	3	2	1
		白	3	2	1
		紫	3	2	1
		绿	3	2	1
		复色	2	1	1

品名		颜色	数量（扎）		
			大店（100㎡）	中店（50㎡）	小店（20㎡）
辅花	蔷薇	粉	2	1	1
		红	3	2	1
		白	3	2	1
		复色	2	1	选择性
	满天星	白	2	1	1
		粉	2	1	1
		彩色	1	1	选择性
	勿忘我	紫	2	1	1
		浅紫	2	1	1
	情人草		2	1	1
	黄莺		2	1	1
叶材	栀子叶		5	3	2
	鱼尾叶		5	3	2
	散尾叶		5	3	2
	芒叶		3	2	1
	巴西叶		5	3	2
	春雨		1	1	选择性
	龟背竹		1	1	选择性
	常春藤		1	1	选择性
	尤加利叶		2	1	1
	银叶菊		1	1	选择性
果材	火龙珠	红	2	1	1
		绿	1	1	选择性
		白	1	选择性	选择性
	尤加利果		1	选择性	选择性
	猫眼		1	选择性	选择性

1）鲜花进货注意事项

表中的店面积并不是绝对的，比如50～80平方米的店，都可以按照中等店铺大小来进货，超过100平方米的店可以视情况而定，而进花的数量也不是绝对的，应根据实际需求来决定。而叶材与果材因逐渐被花艺师们多样性的运用，可以选择性按自己的喜好进货。

2）颜色搭配

在花卉的颜色搭配上进货时要注意和谐统一，虽然可以这次进了某个色系的鲜花，下次换另一个色系来进货，但进货时要考虑整体搭配后的效果，想象一下花束、花盒做出来的样子，务必要协调一致。反差太大，不协调，甚至不搭调，往往得不到顾客的赏识，更别提卖个好价钱了。当然，那种有独特个性或奇特审美观的顾客例外，但这样的人毕竟是少数。协调一致的鲜花进回店中后，在后期的花礼制作时省心省力，使得花礼很容易搭配的雅致、美观。

3）按花型搭配

进货时不仅颜色要搭配花型也要搭配，除了主花必进外、团状花卉、点状花卉、比主花大或小的花、花瓣形状不同的花卉等都要进行搭配组合，这样才能让花礼丰富好看。

4）叶材混搭

叶材进货时要不同形状混搭，或尖或圆，或呈藤蔓状，与花材颜色也要搭配协调。叶材中尤加利叶与银叶菊为灰色，银叶菊更兼具丝绒般的特殊质感，而尤加利叶有特殊香气，这样的叶材有时与花礼搭配，能形成高级观感，但这需要有丰富的花卉知识与较强的审美观，不仅要在采购时提前谋划好，还需要不断学习一些相关的色彩、花型等方面的搭配知识，做到有的放矢，心中有数。另外还有一种搭配方法就是果材与花材进行搭配。果材搭配进花礼中将更加丰富花礼的层次感与内涵，果材主要是圆球状的，进货时主要考虑的是要与花材的色彩搭配。

（2）特殊花材进货

开店想要赚大钱，留住顾客是必要的。产品是固定的，顾客的需求却总是因人而异的。就花店而言，顾客时常会受一些外部宣传的影响，比如时尚杂志或电视剧、微信公众号等，都会有美丽的鲜花装点，顾客有时会拿着图片来寻找鲜花，因此往往需要有一些特殊花材。重视客户的特殊需求，提供与众不同的鲜花，会使你的花店在顾客心中留下特殊印象。

这类特殊花材不需要进很多，也不需要每次都进，但可以时常更换进货的种类与颜色，令顾客留下耳目一新的感觉，甚至可以作为店铺的特色来经营。

特殊花材包括：帝王花、公主、班克木（佛塔）（文后彩图8-25）、大葱花、针垫等进口花材（文后彩图8-26），以及一些新品种花材（文后彩图8-27）也包括兰花类以及棉花、麦子、黄金球等干花类，更包括一些染色类鲜花（文后彩图8-28）。

（3）根据季节进货

鲜花的进货还应根据季节进货，很多当季的花材非常便宜，且会令顾客有新鲜感。抓好季节之分能为花店鲜花品种增色不少，比如初春进玉兰、桃花，4月进芍药（文后彩图8-29），夏季的睡莲、荷花、莲蓬等（文后彩图8-30）。利用季节性鲜花做宣传与主打，可以将降低进货成本，又能令花店有特色与变化。

（4）根据流行趋势进货

抓住近年大热的北欧风植物，ins风植物等。根据植物界流行趋势进货，为花店打造流行花礼会让花店走在时尚潮流前端，能够吸引一批时尚顾客。这样的进货方法尤其适合大中型城市的花店，或定位时尚、潮流，或品位优雅的花店。

（5）鲜花等级之分

便宜鲜花带不来好利润，因为鲜花是快消品，生存周期很短，而鲜花的品质往往决定了鲜花的存活时间与卖相，这是不可逆的决定性因素，因此绝不可贪图一时便宜，进购价格明显低于市场价的鲜花。鲜花的质量决定了店内花礼的质量与卖相，而鲜花的等级决定了鲜花的质量与价格。

很多鲜花都是有等级之分的，最明显的就是玫瑰。前面我们讲过，在昆明拍市上，玫瑰是分A、B、C、D四个等级拍卖的（文后彩图8-31～彩图8-33），A等级为最高最好的等级，此等级的玫瑰通常花刺少，秆直粗壮，花头新鲜，无病虫害是最基本的要求，A级玫瑰花因质量好、数量少，所以价格最贵，一般为高端花店的首选。B级花稍次之，用来做花束足矣，并且有时花商也会把优质的B级花媲美A级花卖出高价。C级花花秆较软较短，并且一般都会有断头、夹条现象，有时还会有霉腐情况发生，但价格适中，通常用作活动或婚礼用花，以及用来插花最合适。D级花很少有人会选购，市面上也较少。另外还有一种花称为"地玫"，实际为当地农庄大棚生产的，往往会因当地气候条件好坏及养护技术的高低决定质量好坏。由于多在本地种植，因此价格最低，地玫进价低，枝条软，花头也较小，通常档次与质感都无法与昆明产的玫瑰相提并论，一比较就能明显看出差距。最关键的是地玫通常不仅秆软、头小，而且刺多，因而打刺过程中耗时耗力，很容易造成断秆，形成较大损耗，并不适合做花束，比较适合用于插花的花盒制作。

8.6.2 鲜花新鲜度鉴别方法与进货标准

这里说的鉴别方法与进货标准适用于直面鲜花，即到花市或去本地花商那里进货。在进货时通过注意花材的新鲜程度，努力减少鲜花的损耗，以达到节流与维护顾客满意度的目的。

（1）鉴别方法

一看：看花秆长短、粗细、颜色、大小以及花的叶、茎、外形、色泽，是否有枯萎、霉腐、病虫害等；晃动花头看是否有掉瓣现象；看花根部的色泽是否发深、剪根位置是否变为褐色或黑色，从外观上把关。这个只要心细一些，一般人都能做到。

二问：通常花商都会告诉你什么时候进的货，哪儿的货，不懂就要问。

三比：多转几家，比花、比价格，择优进货。

四摸：花苞的紧实度、花秆的硬度、花根的新鲜度都可以通过摸判断出来。

五闻：花除了香味外是否有异味，花根部是否因为花商保存不当有腐味、臭味，通过闻就可以判断。

（2）鲜花进货标准

鲜花进回来是为了卖给顾客的，但在卖给顾客之前，需要花店将花材处理好，也需要储存一段时间，如果购进的鲜花剩余的花期过短，或花质量不好，会导致损耗过大，这样不仅增加采购频率，也会增加资金压力。因此花店在进货时应遵循以下原则：

花材：花头饱满有质感；花瓣不焦黄，没有染水与霉点、虫点；花萼有分量，手捏充实，这样花才能盛开起来；花形不过小，过小的花往往是因花商摘掉外层过多花瓣导致的；花骨朵不过分紧实，以致无法开放。

这种挑选方法主要适用于玫瑰、非洲菊等单支生花材。特别注意的是百合的挑选，要尽量选购"生花"，即花苞较多、较紧实的，尤其是夏天，百合开放速度很快，更应挑全是花苞的为佳，特殊情况需要盛放百合的除外。

辅花多为一枝多头、多花，挑选时尽量挑选花与花苞相结合的。

花的秆不宜过短，以免无法做成花束；花叶无霉腐、没有蜘蛛网或虫点，并且新鲜挺阔，色泽明亮；花根要无异味、无变色。

叶材：叶子上无斑点、虫点；叶尖无干枯焦黄；秆部硬挺无异味；叶边无卷边、缺少；叶秆长度合适，叶子大小适中，藤蔓类叶材藤无折断痕迹。

果材：果实饱满不干瘪、无腐烂、无病虫害；根茎健康无异味；果实分布均匀，不过少或过多；倒垂不掉果，枝叶新鲜。

8.6.3 鲜花进货影响因素

因为鲜花是具有时效性的新鲜产品，因此鲜花的进货受多种因素影响（图8-3）。

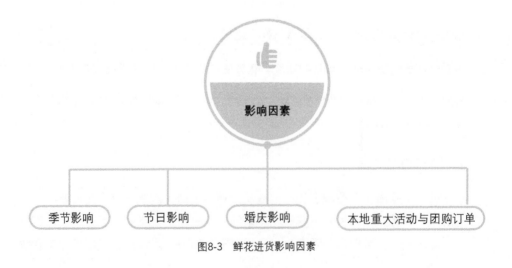

图8-3　鲜花进货影响因素

（1）季节影响

在北方开花店，因为四季分明，受季节影响因素较大，冬季天冷干燥，绝大多数鲜花都需要从南方进货，这时却是圣诞节、元旦以及春节等大型节日纷至沓来的时节。这些节日会带动鲜花销量与价格的双双上涨，需要更多的流动资金支持进货。为了防止价格波动过快，可以在冬季进货时比正常量增加5%～10%。花的颜色以喜庆、花的寓意吉祥作为进货首选，反季节的鲜花，例如芍药等则应谨慎进货。

夏季北方本地也可自产自销鲜花，鲜花进价相对较低，但由于气温偏高，鲜花难以保存与保鲜，导致花期较短，因而需要多次频繁进货，每次进货可适当减少进货量，以便降低进货成本。进的花材以清爽、淡雅为佳，并且可以适当增加叶材，以给人耳目一新的清新之感。

春季北方人刚刚脱去厚重冬装，户外万物复苏带来的新鲜感会令顾客特别想选购鲜花、绿植，这时进货不但可以适当增加鲜花的量，也可以增加绿植的货量。同时进货时应注意，因为北方会种植桃、李、玉兰、海棠等树种，因此这类鲜花以谨慎进货为佳，而选购鲜花时的颜色，应以明快、清新、饱和度高为好。

秋季从炎热夏季逐渐过渡到冬季，天气逐渐变冷又有北风萧瑟之感，这时花的价格逐渐上升，可以考虑减少进货频率用增加单次进货量的方法来降低成本。因为顾客容易触景生情，可以选择进色泽艳丽或有浓郁色彩的花。

（2）节日影响

鲜花具有抚慰人心及锦上添花的作用，因此逢节便涨价成为鲜花行业的常态。花店甚至一年的房租等成本的收回都将通过重大节日鲜花销售获得，如何做好节日期间的进货至关重要。

花店零售大约受15个节日影响，见表8-2。

表8-2　花店节日一览表

情人节	长辈节	中国传统节	西方传统节	特殊节
2月14	母亲节	春节	圣诞节	中元节
520表白日	父亲节	元旦	万圣节	清明节
七夕	教师节	中秋节	感恩节	重阳节

其中有情人节3个：2月14情人节、520表白日、七夕节；长辈节3个：母亲节、父亲节、教师节；中国传统节日3个：春节、元旦、中秋节；西方传统节日3个：圣诞节、万圣节、感恩节；特殊节日3个：中元"鬼节"、清明节、重阳节。

这些节日中有的只会影响一两种花材的进价，如：母亲节会造成康乃馨价格的大幅波动；情人节会导致玫瑰尤其是红、粉玫瑰价格的快速上涨，因此在节日前抓住合适时机，根据顾客预订鲜花量及预估节日期间销售量适当屯货，能够帮助花店降低成本并提高营业额。进货时要充分考虑库存承载能力以及适当临时增加人手，帮助处理花材，增加销售量。进货时机要根据物流远近以及鲜花保存时长决定，同时要特别提起注意的是，节前大量存货将导致资金压力上升和鲜花储存压力的增大，需要提早做好准备。

鲜花进库后，如何妥善保存，将成为此时的第一要务。节后因为某一鲜花售空导致的供需不平衡，价格依然不会跳水式回落，因此在节后鲜花的进货应该避开节日期间销售的品种，转而寻找替代花品，以求给顾客新鲜感。同时，由于大节过后店内人员疲惫甚至生病以及顾客需求的骤减，此时可以适当减少1～2次进货数与进货量，或者转而休息两天再进货。

（3）婚庆影响

每年的五一、十一为婚庆的黄金期，这是新人们扎堆结婚的时间，大量的婚礼用花玫瑰、绣球、百合等花价格上升，在进货时如果不需要为婚礼订单备货，那么如何避开这样的婚庆周期专用花卉，就是需要店主花心思的事了。一场婚礼的鲜花用量远远达不到影响整个鲜花行业进货的地步，但如果全国的婚礼用花都集中在某个时间段，无疑是惊人的，有时遇到买空某个甚至是某几个鲜花品种都是有可能的。如果你的婚礼花艺设计中涉及到某个品种的大量花材的应用（文后彩图8-34），就需要及时做好应急预案，万一出现此种花材不够的情况要及时补救与替换。我就曾经遇到为一场婚礼把整个当地花市某种花材买空，最后不得不从外地调来同类花材补充而耗费大量额外开支的情况。

按中国民间的习俗，农历与阳历的双日子、周六、周日都是婚礼集中的时间，可根据情况在周三或周四进货，以避开婚礼日。如果接到婚礼订单则要根据婚礼设计提前订货，让鲜花提前两天到达，以保证鲜花的新鲜程度。

（4）本地重大活动与团购订单

本地重大活动是指庙会、企业年会、展览等，花店接到这样的活动订单后，要根据需要的鲜花数量提前订货，在订货时除了要求鲜花新鲜外，也需要根据预订鲜花的数量额外多订一点货，以备替换或以防因花材意外损耗，导致花量不够的情况发生。

8.6.4 大宗订货需要注意的事项

（1）数量核对

会点货、验货是每个店主必须具备的技能，花商发过来的货需要仔细核对，以防漏发、少发。及时验货也能够帮助你在货品出现质量问题时，与花商联系，反映问题，以便挽回损失。

（2）记账

进货、出货都要记账，这样才能让自己做到心中有数。在进货记账的过程中还能摸索出鲜花阶段性价格波动的规律，便于今后用最优的价格买到最好的货，更会让自己掌握鲜花品种在销售中的表现，从而掌握住销售主动权，尽可能多地获得经营利润。

8.6.5 谨慎签订长期供货合同

某些零售花店为了在日常销售中出奇制胜，往往更加看中优质、独家花材，因而一旦找寻到稀缺货源后，便会急于与此供货方签订长期订货合同，以便借此稳定货源。这些供货方通常为大型源头供应商或者大型鲜花农场。主要为大型鲜花批发商服务，相对而言更重视能提供持久稳定订单的大客户。

即使再高端再大型的零售花店，单次进货量也无法与中间批发商这类大手笔客户相提并论。因此供货方往往在鲜花销售淡季或者鲜花大量上市季节，才会顾及零售花店的订单，而当他们一旦遇到货源紧缺时仍会优先供货给大客户，这类中小型客户会因为订单量小而被再次忽视，要么被减少货量，要么被停止供货，极易因为拿不到货而遭受损失。

所以不论何种类型的零售花店都建议不要单一依靠源头供应商的供给，谨慎签订长期供货合同。多寻找几家花商，兼顾本地市场与网络进货等多渠道的进货方式，达到稳定货源的目的，从而降低进货风险与损失。须知花店的经营不在于货源的奇货可居，而在于销售花礼的独特与周到服务。

8.6.6 花器及耗材的采购

花店光有鲜花售卖是不行的，除了鲜花外，花店的日常经营销售还离不开花器及一些包装材料等，因此这类物品的采购也会牵扯到花店店主的精力。

（1）花器

花器主要指盛放鲜花的容器，包括花瓶、花盆、花盘、花篮等。与之相应的还有辅助材料，包括剑山、花泥、花托、花架等。

（2）耗材

花店的耗材主要是指包装材料。货卖一张皮，包装美观才能打动人，因此花店的包装材料一定要精美易于搭配。耗材主要包括包装纸、花盒类、手提袋、丝带缎带、贺卡等。这其中包装纸种类繁多，需要根据花店的定位与风格仔细挑选。可以多进几个品种备用，也可以给花店固定包装风格，只进几个或单个类型，形成自己店面的特色。

花店耗材可以根据需求选择进货档次，进货时常用的货可以多进一点备用，而比较特殊的则可以少量进货，以不压货、缺货时随时补充为要领。

（3）花店必备工具

工欲善其事，必先利其器。开花店必需有相应的工具，才能修剪花枝、打理花材。而工具的好坏影响花艺的发挥与花材的使用，因此，事先准备好相应的工具，才能令花店经营运转正常。

① **剪刀**：包括花剪，用来修剪花材；枝剪，用来修剪花枝与绿植；缎带剪，用来剪缎带；花边剪，用来剪包装纸花边；普通剪刀，用来满足日常所需。

花店可以多准备几把花剪与枝剪备用，如果日常有开展花艺沙龙或讲座活动，则更需要准备一定数量的花剪。另外，如果涉及到授课对象是孩童的，则需要为其准备专门的儿童用剪。

② **小刀**：花刀，有些花艺师习惯用花刀将花秆切出锋利的切口以便插花；花泥刀，专门用来切花泥；裁纸刀，包装纸很多时候需要裁成大小合适、样式方便的形状，以便于使用。

③ **绿植种植工具**：组合性的铲子、耙子；铺垫用的干苔藓、花土、小石子；装饰性的小饰物等。

④ **铁丝**：花艺中经常会用到铁丝。可以选择各种型号和不同规格的铁丝，还可以根据需要选择外面是否包绿色或咖啡色纸的铁丝。

⑤ **水壶、水桶**：水壶分为给花喷水的喷水器以及浇灌绿植的浇水壶；水桶则分日常打扫的水桶以及浸泡花泥、鲜切花的水桶。

⑥ **文具类**：单据、发票、纸张、笔、胶带、胶带座等日常使用文具。

⑦ **其他装饰品**：现在流行的气球，在花盒上放置的LED灯串、小玩偶、珠针，鲜花染色剂、保鲜管、胶枪、鲜花胶水等。

（4）特殊工具

花艺作品中有一类花艺比较特殊，即架构花艺，架构花艺的完成往往需要一些特殊工具，如电钻、麻绳、锯子、榔头等，以及一些特殊纸张、金属、玻璃等，可根据需要置办采购。

8.6.7 控制进货成本与时间

进货成本与进货周期的长短，将直接影响花店的现金流以及利润，因此要通过记录进货价格并多比较，寻找市场价格规律，把握供需关系，减少因价格波动带来的进货成本提高。

花材的积压与缺货都会导致花店的经营不畅，所以及时进货并用心观察鲜花销售规律以及时长，是花店店主必须要学会的本事。

8.7　定价

价格越低不一定越受欢迎，须知一分钱一分货，现代顾客越来越理性，占便宜的心理虽有，但顾客也会考量过于便宜的价格，质量和服务会打折扣，街边随处可见的两元店已经逐渐消失就足以说明这一点了。鲜花店过去100元买一大束瓦楞纸包装的鲜花款式也已经一去不复返了，现在顾客更愿意看到时尚、精致、美观大方的花礼出现，而这种花礼必然需要运用优质的鲜花以及独特的包装才能实现，用廉价的包装与低廉的价格来吸引顾客的做法，早已经过时了。

刚开业的花店可以通过适当打折促销来进行宣传，但如果价格定得过低，花店正常营业后，会因为顾客难以适应价格的差别，而使花店陷入两难的境地，无法在经营中转圜。但过高的价格也会让顾客有宰客之感，倘若价格过高又不能提供相应服务，则会吓跑真正想买的顾客，因此给花店花礼定合适价格尤为重要。

8.7.1 给鲜花定价的方法与技巧

简单来讲，给鲜花定价有两种方式，其中简单定价较为简便快捷，缺点是容易忽略其他因素，而导致花价浮动与赔本。复杂定价则因需要考虑因素过多，容易被店主们嫌麻烦而弃用。

（1）简单定价

简单定价以成本为导向，主要依据进货成本定价。花店一般以进货成本的3 ~ 5倍为鲜花零售价，例如一支红玫瑰的进价为1元，则单支玫瑰的零售价为5元。

（2）复杂定价

复杂定价需要合算成本，考虑顾客的承受极限。一般而言分为以市场导向定价、顾客需求导向定价、同行竞争导向定价、花店定位导向定价、根据库存导向定价。

① **市场导向**：根据淡旺季之分，不同季节不同市场需求定价。比如情人节因供不应求的鲜花而合理涨价，把人工、备货等成本添加进去，对花礼合理涨价也能被顾客接受认可。

② **顾客需求导向：** 就像刚上市的手机必然价高，等热潮过后把价格下调一样，新款的花束包装，新上市的鲜花品种，价格定高一点也是理所当然的。

③ **竞争导向：** 参考同行的定价来确定自己的定价。比如相同情况下，同行一束19支红玫瑰的花束，定价在200元，你定价在199元更具有竞争力一些。当然，同行对手不止一家，不同的对手定价也会有一定的浮动范围，而且自己的价格也需要定得合理一些，别家200元的花束，你卖100元就是恶意竞争了。

④ **定位导向：** 价格还要考虑潜在顾客的承受能力。比如你的顾客定位为注重品质与个性的白领，那么定价偏高一些反而具有竞争力。因为白领们对于价格的要求不是很看重，价格高、质量优又独特的花礼，反而更符合他们的消费心理。如果你的顾客定位为在校大学生，他们比较注重个性、新鲜又流行的花礼，价格过高的鲜花则没有能力负担，这时候定价就需要相对低一些。

⑤ **库存导向：** 库存也是定价的重要依据，促销因此而来。有时库存较多而销量较小时，可以通过推出特价款、促销款来防止积压，而库存较小销量又比较大时，价格可以适当提高一点。

定价需要考虑到付出的时间成本、人力成本和精力成本，不能一味地搞低价策略，防止当你想提价格时顾客已经习惯了低价反而不适应的现象发生。总之，适合自己的定价就是最好的定价，好的产品质量、优质的服务品质与独特的产品才是吸引顾客的有力手段。

8.7.2 给花器定价的方法与技巧

花店日常销售中除了鲜花外，也会涉及到花瓶、花盆等花器。请记得给这些产品定价，也许顾客买花回家没有花瓶，而你正好有合适的呢。花器的定价除了考虑本身的进价外，也需要把物流成本、店租、库存等考虑进去，制订合理价格范围。给你的花器定价，或与鲜花捆绑搭配销售，将有利于花店盈利。

8.7.3 给绿植定价的方法与技巧

花店里除了销售的鲜切花外，也要根据需求摆放或销售绿植，别忘了给你的绿植定价。绿植的定价除了受进价因素影响外，还应考虑栽种、换土、换盆以及人工养护的成本。

8.7.4 给花艺作品、衍生品定价的方法与技巧

花艺与花艺衍生品的定价与单支鲜花定价不同，需要进行成本核算与附加值核算，因此定价需要考虑到方方面面的因素。

（1）花艺作品定价方法

以19支花束为例：

第一，计算主花与辅花成本。

第二，将包装花束的辅料成本计算在内，包括包装纸、丝带、胶带、保水棉、贺卡等成本。

第三，计算人工成本，比如花艺师或员工提成。

第四，把花店利润以及房租水电成本计算在内。

在此基础上上调一定价格作为销售上限，这个花束的定价就完成了。

（2）衍生品定价方法

花艺衍生品包括现在流行的香薰、干花花束等。衍生品往往很难单独销售，需要额外定制包装盒等，通过精致包装销售出去，因此除了像花艺作品一样考虑定价外，还需要额外考虑物流、包装成本。

8.7.5 给花艺课程定价的方法与技巧

如果开展花艺沙龙与花艺兴趣课，那么你需要为花艺课程定价。将花艺课程中要使用的工具、花材、花器、提供的茶点饮料、场地费用、工作人员费用等平摊到你计划招收的人数中，额外再加上利润就是花艺课程的定价。一般花艺课程按人头收取费用。

8.7.6 给大型花艺活动定价的方法与技巧

大型花艺活动主要包括企事业单位的花艺讲座与婚庆花艺。这类活动需要根据用花量以及人工成本、辅助物料成本等决定，因为大型花艺活动不可能只由你自己

或店里某一两个人员来完成，通常需要临时外请人员帮忙，因此，人工成本也是定价需要考虑的重点因素，同时人工成本里还需要包括交通补助、饭补等。

8.7.7 给顾客砍价空间的技巧

有些顾客习惯砍价，因此在面对这类顾客时，定价是稍微扬高一点，留给顾客砍价空间，还是直接给顾客固定价格，拒绝顾客砍价，要视当时销售情况而定。这类喜欢砍价的顾客买任何东西都想要砍价，哪怕只便宜1元钱也觉得是好的，因此需要根据经验结合顾客本人的特点，来制订有效的应对策略。

8.7.8 明码标价的技巧

明码标价是花店非常省心的一种方式，这样既杜绝了顾客砍价，又能防止自己忘记价格或随意报价，同时让顾客对各种鲜花、花礼一目了然以便顾客自由选择，这是一种一举多得的好方法。除了花器、绿植明码标价外，还可以给自己的花艺作品等标价，每天推出几款包装好的花礼，标好价格后出售。有些顾客喜好讨价还价，或者花店的本身只售卖鲜花没有其他产品的情况下，如果价格标的过高有可能会令顾客转身走掉，不利于成交，因此在明码标价的同时记得根据花店定位制订合理的价格范围。明码标价的弊端在于鲜花的季节性不同进货会有价格差异，因而售卖的花礼也会有价格波动，一旦明码标价后，在进货价格上涨的情况下也不能轻易变动标价，变动标价的好方法是提升花礼的档次感与增加花礼的新款式，给顾客耳目一新的感觉同时更换新的价格。

8.7.9 不要频繁变动价格

价格一旦确定就不要频繁变动价格，同一个花盆这个月卖10元下个月卖15元，容易给顾客造成不信任感，不利于花店的经营。可以根据市场与重大节日，小幅度上调价格，但节日过后要及时根据成本回落下调价格，节日涨价顾客能理解，但节日过后依然高价，等于把顾客往外赶了。

如果能做到别家都在涨价，你的价格保持不变，无形中也为店铺做了很好的宣传，塑造了店铺为顾客着想的形象。在非涨不可的情况下，也要注意方式方法，选择合理的、顾客能接受的方式。

8.7.10 为你的商品标明卖点

商品都应该有卖点，有卖点的产品才能为顾客所需要，才能被顾客接受。有时一个好的产品应该不止有一个卖点，有可能会兼具两三个卖点。什么才是卖点？拿我们日常使用的手机来说，一个新款手机的上市广告介绍其能逆光拍摄，能超大广角，有美颜功能，有大内存等等，这些既是手机的功能同时也是手机的卖点。厂商抓住消费者的使用心态和使用需求做的广告宣传就是在宣传其卖点，寻找好卖点往往会令新上市的手机销售火爆，这就是卖点，同时也是商品的特点。

在花艺里同样也应该存有卖点，在售的花礼因鲜花品种的不同而有不同花语产生，花语就是花礼的卖点，比如为情人节设计的花礼有着独一无二的寓意，"一生一世""长长久久""只爱你"这种带独特的寓意就是花礼的卖点；有些绿植具备去甲醛、净化空气、驱蚊等作用，善加利用与宣传，这些都将是绿植的卖点。

用心地为你的商品寻找卖点，做出让顾客接受的花礼，将是你为之努力的方向，因为顾客会为你寻找的卖点买单。

8.8　开业前的宣传

8.8.1 应不应该在开业前大肆宣传庆祝

很多人都是第一次开店，缺乏人脉与知名度，新开一家店心情也会忐忑，会怀疑自己能否经营好，开店能不能赚钱。因此开业往往会图吉利，认为开业喜庆热闹，会使顾客如潮，也预示着未来店里经营顺遂，日进斗金。为了此目的，往往在开业前广发传单，开业时大放爆竹庆祝并大肆宣传，以期望开业时有足够多的人气，但这种做法真的对吗，适合花店开业么？

花店在大众印象里是一个充满文艺、浪漫气息的地方，这样的地方，开业时锣鼓喧天真的合适吗？而且顾客的需求欲望会因为你热闹的开业就有所增加么？会因为你新花店开业就进门买一束几百元的鲜花么？这是一个非常值得商讨的问题。而我认为，就一家新开的花店而言并不适合在开业时大肆庆祝，来吸引顾客进店。

试营业这种经营方式能够存在，足以说明一个店刚开业时有所不足，需要通过尝试性地服务与销售来改进自身，而花店同样如此。有可能你仅仅是学了一个花店班的技艺就开花店了，自身的技艺还不娴熟，那么在大肆宣传开业，顾客上门等着买花的情况下，你能应对自如？你包一束花需要多久？50分钟？30分钟？10分钟？当顾客真的按照你希望的那样，一开业就纷纷上门找你买花，你不娴熟的技艺或者因为初开业而忙乱的身影，并不能给顾客留下好印象。相反，顾客在等着你包花束的时候会出现不耐烦，会有抱怨，一传十，十传百，这样的开业口碑会为你日后经营埋下隐患与障碍。你的开业宣传有可能起到反效果，把顾客往外推。

刚刚开业的花店，面临的不只是老板的不成熟、花艺师的磨合、店员的不熟悉环境、顾客的不信任，甚至是物品的丢失与服务的不周等问题都有可能发生，或大量出现。只有老顾客、老熟人才能包容你小小的过失与不足，而新顾客面对新店往往是挑剔和怀疑的，如果你不能做到一鸣惊人，能够熟练应对众多上门的顾客，开业时恰恰不应大肆宣传。

开店的基本原则应该是要安静地开业，仔细规范服务，并根据一段时间的实际运营情况，评估店内服务是否能应付复杂多变的具体情况，观察你招来的店员是否符合你的要求，并对员工继续培训，以适应店铺的日常经营。开业初期，应该担心的不是顾客有多少，而是想着如何完善服务。毕竟初期的客流量不能说明什么问题，只占整个店铺经营的很小一部分。高调的宣传活动，可以等到你和店铺及人员完全准备好之后再进行。

8.8.2 预演开业

开店初期可能会忙乱与服务不周，很有可能令潜在顾客流失，那么新开店没有经验，如何避免这种情况的发生呢？最好的办法就是演习。可以在开店之前，请亲朋来扮演顾客，尝试接待几次看看，并将发现的问题及时改正，等到能够稳妥接待顾客了，再开业也不迟。通过预演除了能够寻找到自身的不足外，也能够锻炼员工，让员工逐渐习惯面对顾客与店内的销售模式，更重要的是，亲朋们也将通过你的预演，对你更加认可，他们都将成为你的宣传大军。

8.8.3 时机成熟后的宣传

当一切准备就绪后你就可以进行宣传了，宣传的方法除了最简单的制作散发传单外，还可以利用网络媒体做宣传。比如大家已经越来越熟知的微信朋友圈点赞集赞活动、同城微博的开业帖、店内橱窗张贴开业活动海报、请亲朋介绍顾客给你，以及开业送花等引流模式。

宣传做得好，店铺又经过一段时间的运营与改进，再进行开业活动与庆典，将令你的店铺不鸣则已，一鸣惊人。

8.9 花店气氛的营造

很多服装店、咖啡店等会通过鲜花与绿植的摆放，来营造店铺或高雅或浪漫的气氛，那么作为一个自带鲜花、绿植，本身就具备浪漫情怀的花店，应当如何营造气氛，让花店更吸引人呢？

人有五感六识，鲜花自带两种：视觉与嗅觉，那么就可以在其他的感觉上做文章。最简单直接的便是听觉，一家文艺范儿的花店，不能一进店听到的是摇滚重低音，而应有与之相匹配的轻音乐，或舒缓悠扬，或轻柔欢快，总之优美动听的音乐将令顾客一进入店中，自然而然地舒心起来。

有些店铺还备有顾客可以休息的沙发或椅子，如果顾客在此休息或办公时，能够奉上一杯清茶或为顾客提供饮品、下午茶的售卖服务，充分调动顾客的味觉，顾客会更愿意留在店中。现代店铺都是多元化复合经营（文后彩图8-35），根本的目的就是留住顾客的眼光与脚步，从而留住顾客的"钱包"。一家有格调的品质花店，如果不止售卖鲜花，还能为顾客提供休息、办公、会客的场所，为顾客提供饮品或小食，让顾客在鲜花围绕的环境中得到放松，一定是事半功倍的。

至于触觉，一些有趣的小玩意，有趣的植物，让顾客可以随意走动摸摸看看，甚至顾客家的小朋友也可以来店里学习植物知识，触摸植物，将为你留住更多的生意与客户。

其他气氛的营造比如店内合适的装修、灯光，店铺橱窗的应季陈列（文后彩图8-36），店内摆设常换常新，店铺员工优质周到的服务等，都将在顾客心中留下好印象，归根结底，所做的一切都是为了达成生意从而为店铺创造利润。

8.10　开业与庆典

当所有一切准备就绪，店铺也运营了一段时间，你已经有了经验的时候，就可以正式开业了。开业的时机可以选一个好日子来广而告之，鲜花会大卖的节日期间，推出一定的优惠活动，并热热闹闹地做个开业宣传，一定会为你招揽来更多的顾客。而在你开业前积累的顾客，也将因为你的开业活动，更加信任与看好你的店铺，这将有利于你将他们转化成为店铺的老顾客。

至于庆典的举办，可以根据当地的开业习俗做，也可以做一些特别的并且适合你花店的活动。比如召集你已有的顾客请他们再为你介绍新顾客，然后办一场花艺沙龙，又或者办一场花艺新品发布会，再或者以花店的名义赞助某项活动等等，这类新颖别致的活动不一定需要很多人，也不一定需要花很多钱，但会为你的花店在潜在顾客心中留下特别的印象，总之庆典的目的就是让顾客记住你，有需要的时候找你就可以了。至于开业庆典，不过是你吸引顾客完成成交的宣传方式而已。

8.11　设立账本、进销存

在开店初期，甚至从第一次置办货品时就设立账本，进销存是极为必要的。开花店是一门生意，对进货多少钱、库存多少、那些货物好卖与不好卖、盈利多少钱等等只有做到心中有数，才是一个合格的生意人。不能让开店成为一笔糊涂账，在年底时一算，发现一年辛苦白干，钱不知挣了没有，也不知花哪去了。

既然设立账目，就要按周、按月、按年进行盘点。盘点的不是鲜花，而是店内的物品，包括存货、消耗品、工具等。及时进行盘点的好处是可以明确商品的销售情况：哪些好卖，哪些积压；店内工具是否丢失、损坏，要及时补充；消耗品的消耗情况，是否要及时进货补充，更可以通过盘点制订下一阶段的销售目标与方向。

开花店是一门生意，店主可以行为文艺、浪漫，但内心一定要像个生意人，赚钱始终是开店的第一要务，只有花店赚钱了，梦想、喜好、兴趣才有地方安放，才能坚持下去，不然一切只是镜中花、水中月，空谈而已。

第 三 篇

如何经营一家花店

第9章

花店多种经营方式

开店的本质就是为了赚钱，如果不赚钱，就没有让人坚持下去的动力，既然想要赚钱就需要好好经营，需要在经营方法与策略上花心思。如何吸引客流，如何与其他行业合作，如何营销，如何把自己当做花店的一部分经营，都是需要讨论的问题。只有把花店的经营放在心上，时刻想着如何经营，把拓展事业做到像呼吸一样自然，才能把花店事业做大，让花店生意蒸蒸日上。

9.1 事业拓展方式

花店的事业拓展指的是如何把业务做大做广，令更多的客户知道你的花店，同时有更多的受众群体，这里的拓展方式是以花店对各类实体店、公司等的一种方式（图9-1），不同的合作单位有不同的方式方法。

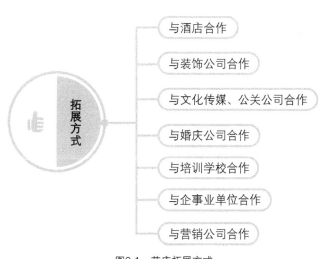

图9-1 花店拓展方式

9.1.1 与酒店合作

高端的五星及以上酒店，都会在酒店大堂、前台、走廊、客房等地方摆放鲜花（文后彩图9-1），有些还会聘请专业花艺师来布置有设计感的大型花艺作品，因此花店可以主动出击，去这样的高端酒店寻求订单与长期的商业合作。通常这类型的酒店要求花艺技能较高，尤其是酒店大堂的花艺设计，往往需要用到架构类作品，不是随便一个花店能承担的，而且此类型的酒店一般会有自己长期聘用的固定花艺师，但仍然可以去酒店放名片，或者与酒店洽谈，以求一线之机。要知道，即使再高端的花艺师，技艺也不可能面面俱到，或许他（她）的缺项正是你的长项，这时你就有机会了。在不能承担酒店大堂设计时，还可以退而求其次，选择送鲜花服务到酒店。可以事先与酒店沟通好，给予一定的优惠价格，在酒店有会议或者客人需要鲜花服务时，选择自己的花店。

同样类型的跨国公司、高端会所、物业小区都会有这样的需求。签订长期合作合同，长期与此类的需求单位合作，能为花店带来稳定的收入。

高端酒店的要求较高，通常需要花艺作品与酒店室内环境相适应，当花店达不到技术要求或者得不到信任时，也可以选择下一级或下二级、三级的酒店洽谈，如四星、三星级酒店等。现在许多旅游热点地区民宿盛行，很多民宿也会选择放置鲜花来吸引房客，因此也可以把民宿列为目标客户。

9.1.2 与装饰公司合作

装饰公司服务于各类型有装修、装饰需求的单位和个人，现代装饰风格尤其是北欧风中多会加入植物和花艺元素，以协调装饰布局，增添生活趣味。同时装饰公司也会接到一些有特殊需求的客户订单，需要设计花艺作品，例如新装修的酒店、会所、装饰新颖的饭店等（文后彩图9-2~彩图9-4）。通常装饰公司的订单都是侧重于人造花，能够保证持久与不易损坏，除此之外相配套的花瓶、花盆以及室外景观等也是装饰公司的需求点，因此寻求与装饰公司长期合作，供应包括绿植在内的花艺设计、景观设计等，也可以为花店拓展事业版图。

值得注意的一点是装饰公司是为客户服务的，与装饰公司的合作通常意味着是为第三方服务，因此需要花店在协调与维护好装饰公司的关系同时，又能与客户的要求达成一致。并且装饰公司需要向客户出效果图，展示设计效果，因此作为景观、花艺设计的花店，也需要能出相应的设计效果图给装饰公司。相应的效果图有3D图、平面彩图、设计构思图等，有些小城市可能没有能做3D图的打印复印店，那么花店汇报方案时，最次也要有一个手绘效果图。一般制作效果图前不仅需要去现场实地考察、测量，而且要求制图者有一定的美术知识、色彩知识、装饰知识、制图技艺等，这就给花店的经营人员提出了更高的技艺要求。但作为回报，一旦和装饰公司合作愉快，将会有源源不断的订单，客户满意了，还有可能将装修客户直接转化为花店客户。

需要提起注意的是，通常客户给装饰公司的款项是分笔分期支付的，有的工程全部完工了，客户还拖欠着款项，因此在与装饰公司谈合作或为它们服务时，一定要提前订立好合同，否则很容易造成回款慢或者长期拖欠，甚至造成"三角债"的情况出现。

9.1.3 与文化传媒、公关公司合作

文化传媒、公关公司通常会有很多商业活动，有时也会受客户委托举办一些商务宴会、会议等。这类活动需要大量鲜花装饰，例如酒会的餐桌花艺，签到台、演讲台的桌花，来宾的胸花等。有些大型宴会，甚至需要整场布置。这类的业务范围很像婚礼的花艺设计，有时可以照搬婚礼花艺设计的某些方法（文后彩图9-5），但这类业务往往会比普通的婚礼规模更大，客户的需求和用花量更高、更多。与装饰公司要求相同的是，公关、传媒公司也同样要出效果图，并且有可能需要反复修改才能达到要求，需要花店店主去耐心沟通。与这类公司建立长期合作关系，可以帮助花店平稳度过淡季，旺季取得更好的业绩。

有些时候，公关公司会承接一些公司新产品发布的活动，或者应客户要求做一些花艺沙龙。这样公关公司就会在很短的时间段内安排多场次活动，因此如果接到这类的活动订单，对个人的体能与技能都是不小的考验，对花店的接单和完成能力更是一场"大考"，但一旦完成，便可以让花店的业绩在很短时间内有一个较大的提升，不但让鲜花与资金快速流动起来，而且能打响花店的口碑，对今后的发展大有好处，总的来说非常划算。

9.1.4 与婚庆公司合作

婚庆公司的业务主要集中在婚礼庆典上，现在新人们对婚礼布置的要求越来越

高，很多新人不仅要求自己的婚礼浪漫温馨，而且要求庆典流程巧思妙想，婚礼现场布置别具一格，已经厌弃了婚庆公司千篇一律的绢花布置现场需求，因此婚庆公司多会与花艺师合作，为新人们提供更好、更个性的婚礼服务。如何将婚礼花艺（文后彩图9-6~彩图9-8）做到个性化定制，如何将花艺做的与众不同，价格合适自己又能赚钱，并在众多花店中脱颖而出，是摆在花店承接婚礼花艺面前的一道难题，需要花店业者好好花费心思去打造。

每年的5月、10月、新年前后，是新人们扎堆儿结婚的时候，这个阶段婚礼庆典花艺的订单会特别多，因此与婚庆公司合作能够为花店带来不菲收入。而且，通过婚礼与新人建立联系，也是为花店拓展人脉，建立更广泛的客户群。

9.1.5 与培训学校合作

很多培训学校为陶冶学生情操、培养学生特长，也会有做花艺培训的需求，如果能与培训学校建立业务联系，为培训学校提供持续的花艺兴趣班、培训班、亲子班等活动，不仅能够为花店创造收入，而且可以通过庞大的学生群体辐射家长，提高花店的知名度，拓展客源。

同样，现在花艺已越来越多地进入了学校，尤其是大城市的中小学校往往会聘请校外的老师为学生开设兴趣课堂，教学生们简单的插花课，弘扬传统文化，因此花店可以利用各种资源，去了解并争取为学校提供此类服务的机会。还有一种是学校会要求学生带小的植物盆栽进课堂，或者在教室里养一些绿萝类植物净化教室空气，也可以寻求此类与学校合作的契机，达到拓展业务的目的。

9.1.6 与企事业单位合作

现在的企事业单位管理越来越人性化，很多类似3·8妇女节这样的节日，有时会安排员工团建活动（文后彩图9-9），而当前花艺活动越来越热门，越来越受欢迎，很多企事业单位都对举办花艺团建活动很有兴趣，如银行、医院等等。以医院为例，一般每年的护士节，大多数医院都会搞一些活动，这时就可以主动与医院洽谈，提出建议，争取把花艺活动引进到医院中。再如有的妇产医院为了舒缓孕妇的紧张情绪，会定期在医院的公共场所放置一些简单的鲜花，可以通过提供送花、插花服务争取到医院的长期订单。

关于花艺与鲜花，现在有一种流行趋势需要花店注意：有些需要答谢、维护客户的企业会以自身产品与花艺结合，举办沙龙答谢客户。这就要求花店提前与企业建立联系，多渠道沟通，争取在这样的活动中占有一席之地。这也能够帮助花店拓展顾客人脉，不仅将企业的员工，还将企业的客户都努力争取为花店的顾客群。

9.1.7 与营销公司合作

现在，有些汽车、房地产、保险、银行理财类销售公司，在销售出单的时候，会用送顾客鲜花的方式表示祝贺与祝福，为了吸引客户，销售公司一般还会搞各种各样的活动。最近两年流行日盛的花艺沙龙，就是一种越来越被销售公司认可的活动方式。花店可以通过与销售公司合作，举办花艺沙龙、赠送鲜花等活动，达到增加订单、拓展客户的目的。

总之要以拓展事业为目的，广泛地与各类型企事业单位开展合作。客户有需求的，要根据客户的需求去与客户洽谈，为客户提供更好的服务。客户没需求的，要开动脑筋，想办法开发客户的需求。这样才能为花店打下一片与众不同的事业江山。

9.2　现代多种经营方式

现代电商的盛行，传统的经营方式已经被颠覆。网络时代，信息传播得更快、更广，我们虽然做的是实体花店，但同样也不能忽略网络经营，甚至需要更加重视线上经营，依靠线上经营。而将网络经营与线下实体店相结合，正是现在日益流行的一种新的经营模式。

根据凤凰财经新闻网的数据，我国手机上网用户截至2018年8月已达10.04亿，月户均互联网接入流量近800Mb，手机上网流量近九成。而移动电话用户数达13.09亿，4G用户占比过半，4G用户爆发式增长，流量资费持续下降，通过手机上网流量自2015年至2018年7月达到47.7亿Gb，保持翻倍增长态势。在人人都有一部手机甚至两三部手机的今天，高增长、高业务量、高流量的4G手机上网，是一个非常庞大的数据群体，不久的将来，我们还会看到5G、甚至6G、7G……网络覆盖全球，如何做好网络营销，如何以网络营销带动实体店经营的模式将成为花店店主的必修课。

实体店卖什么也不如卖体验，花店卖的不仅是鲜花，更多的是情怀，以网络营销带动实体店销售，以实体店体验感促进网络销售将逐渐成为一种新营销模式。

当前越来越多的人加入到花艺这个行业，每年新开无数家鲜花店又有无数家鲜花店倒闭，京东、淘宝、美团等电商纷纷加入鲜花售卖行业，甚至连快递行业都在卖鲜花，造成鲜花售卖价格一再被压低，很多顾客开始尝试通过网络，用快递的方式寄送鲜花。而这两年发展态势较好的周花、月花也因电商的加入分流了客户。电商虽然开辟了新的鲜花销售渠道，培养了一大批成熟的客户，在让鲜花进入客户日常家居生活方面功不可没，但到底还是瓜分了花店的客户，分薄了实体花店利润。

很多花店业者认为这是对鲜花行业的极大冲击，是对鲜花店的残酷竞争，但同时这何尝不是一种机遇与挑战。电商加入鲜花行业，快速催熟了人们定期购买鲜花，以使家居常换常新，过节和重要场合买花、送花，愉悦自己，愉悦亲友，愉悦客户，愉悦……这样的鲜花消费理念越来越被广大人民群众接受与认可。越来越高的鲜花认可度对于实体店主而言无疑是一件好事，这意味着一大批已经被培育成熟的顾客会加入到购买鲜花的行列中来。需要认识到的是：鲜花是一种时效性产物，新鲜度与时间成正比，虽然一些顾客会通过电商订花、买花，但大部分顾客仍需要见到实物，仍愿意亲自到花店选购一束符合自己心意的鲜花。即使买花是为了送给亲友，很多人往往也更愿意到实体花店中，亲自挑选鲜花，甚至指导、指挥花店制作、包装花礼，然后再满意地捧着、或通过花店、快递将自己亲手搭配出来的鲜花送出去。这就是人类永远不会消失的体验感，这种让人满足、愉悦，起码也是放心、舒心的体验感，是冷冰冰的快递盒无法代替的。

如今，顾客可以选择的消费方式越来越多样化，越来越多的消费要视心情决定，如何引导顾客的心情、喜好、好奇心等就成了一门学问。线下实体店的竞争，就其本质而言，无外是对顾客的争夺和经营能力的比拼。谁的店更新奇有趣，谁的店更好玩，谁的店服务更多元化，谁的店活动更吸引人，参与性更强，体验感更好，谁就能吸引更多的顾客，也能更长时间的留住顾客。

因此花店的经营方式由过去的单一等顾客上门模式，已逐渐发展成多种经营方式（图9-2），这些不同经营方式的运用将为你的花店带来新的利润增长点。

图9-2　花店经营方式

9.2.1 微信朋友圈

（1）庞大的微信用户

2018年1月，微信的创始人张小龙在年会上公布，2017年微信活跃用户达9.8亿，微信支付用户破8亿，这一数据在本书编写的时候就已经成为了历史，未来微信用户普及率应该会更高，一个人甚至可能有多个微信号，这是多么大的一个平台及消费群体？据统计，目前用户花在微信朋友圈上的时间，是所有手机App程序中最长的。因此，微信朋友圈已经成了各种商家的必争之地。

（2）做个花店"微商"

在微信朋友圈里销售产品的人被称为微商，在微商1.0时代，微商们通过在朋友圈简单晒产品就能获得客户，通过晒某一人的房、车就能引得别人争相跟随。现在微商1.0时代早已被微商2.0时代替代，而这个时代的一个显著的特点，就是很多实体店加入到微商的行列中，选择优质的产品进行代理。由于实体店本来就有顾客群，店主早就在实践中学会了"生意经"，更兼有实体店开在那里，顾客对此有信任度，因此，如何利用好实体店的天然优势，和代理品牌相互促进，共同成长，是每一个实体花店店主都要考虑的问题。

未来，微商会平台化、集团化、生态化、资本化，微商因为拥有朋友圈的巨大资源与能量，将成为各行各业的基层架构，也将成为未来商业的大鳄。透过朋友圈的分享和传播，微商把产品卖到全世界，而花店业，也将是其中的一员。唯一有差别的，是你被形势所迫，不得不跻身其中，以图生存，还是主动加入，以便更快、更好地发展。

未来，实体店将成为跨行业、复合式发展的模式，也就是"挂羊头卖狗肉"的形式。

所谓的穷则思变，世界在变，人在变，产业在变，做生意的方式也要变。不变就意味着固步自封，意味着停滞。面对不断发展变化的世界，停滞就会被淘汰，就会被历史的车轮所远远的抛下，让你曾经的辉煌成为历史。

（3）令人讨厌的广告方式

很多开花店的朋友会因为微商需要不停地在微信上发布广告，而犹豫着是否要加入微商的队伍，更有人由此不喜欢微商，甚至讨厌微商。的确，生活中有些人的确会讨厌广告，不愿意在微信朋友圈里看到广告，甚至会因此屏蔽你，把你拉黑，这就要求我们在发布广告时讲求技巧和方式方法。

其实，花店微商，相较于其他产品的微商，在发布广告时有着天然的优势，如果你能把这种优势充分发挥出来，把你的广告做得精美，让别人看到你的广告就像在观看一帧美丽的花卉和风景照片（文后彩图9-10），如同欣赏一幅艺术大师的油画，他们还会讨厌你的广告，还会把你拉黑么？更何况，有购买需求的朋友还会因为你发布的广告而选择到满意的货品而感激你呢。

当然，如果你没有丝毫的美学理论，艺术细胞为零，甚至是负数，只会天天在朋友圈发些"本店玫瑰到货，10元一枝""芍药有售，跪求朋友们赶紧来买"之类的广告消息，那我劝你不仅不要做微商，连花店也不要开了。要知道，很多人之所以讨厌广告，就是让此类广告闹的。在电视、网络中打出这种广告的人，制作者或商家的水准大约同贴满楼道、电线杆、地面的小广告无异。小广告被人们称为城市的"牛皮癣"，如果一个微商天天发在朋友圈里的都是这种"牛皮癣"，人们不拉黑你，又会拉黑谁呢？以这种方式去做微商，注定失败，以这种水平去经营实体店，实体店也会倒闭。要知道，现在已不是短缺经济的时代，更何况，鲜花也不是生活必需品，不至于离开它，人类就无法生存。

（4）朋友圈背后你看不见的秘密

我们在看电视的时候看到广告会选择换台，如果在网络上看电视剧还可以选择购买VIP跳过广告，但朋友圈的广告是跳不过去的，你只能选择屏蔽这个人或者看完这个广告继续看下一条，未来的朋友圈将成为各类商家的必争之地。以某微商品牌举例，你的花店如果加入它，那么它所有的代理商都会为你做一条宣传，一个代理商朋友圈有1000人，这是1000人的浏览量，10个代理商公布就是1万+的浏览量。如果按照微信公众号营销方式1万+的浏览量的广告推文，需要1000元购买的话，那么你无疑就免除1000元的广告费了，如果这个微商全国有20万+的代理商呢？这将是一个多么庞大的浏览量和数字啊，而这只是一条朋友圈而已，因此不要小看微商，也不要小看一条朋友圈的广告，须知聚沙成塔的道理。

（5）如何做优质的朋友圈销售

有志于将实体花店与微商结合起来的朋友，不妨学习一下一些成功微商的朋友圈经营方式，把微信朋友圈不光当成展示自己商品的地方，也当成展示自己的生活与才艺的地方，从而成功地将实体花店和线上花店有机地结合起来，和谐地展示自己的鲜花和花艺作品，巧妙地将广告融入其中。这世上，没有拒绝鲜花的人，也没有不喜欢看鲜花美图的人，即使不买，看一看也是享受。更何况微信朋友圈发得好，很多人看到后还会分享给其他的人，转发与浏览量都是巨大的，因此不要怕发朋友圈，不要怕刷屏，只要广告做得好，做得巧妙，你的朋友圈会越来越扩大的。没有人会讨厌、拉黑一个每天能让人欣赏到美图趣图、美文趣文，让自己心情愉悦的人。在实体店里，即使做个海报也需要花费时间与金钱才能办到，在朋友圈里，动动手指，费点心思，就能轻松地办到，何乐而不为？现代网络上宣传和流行的佛系某某，其实并不是一个好词，开门做生意不能坐等顾客上门，而是要主动出击，抓住一切可以利用的优势，把朋友圈也变成花店的展示空间与销售场所。

9.2.2 微店及网店

微店、网店、团购页面的不断更新，都是现在流行的商业模式，会带来不错的收益，需要注意的就是如何经营它们。不懂的要学起来，没做的要做起来，你会发现真的能为你带来很多惊喜。

在一年情人节的前夕，我曾经应邀去北京的一家网店做花艺，两三天的时间，仅仅上架两三款固定款式的花艺样品，营业额却能达到十五万元（文后彩图9-11），等待装箱送货的快递小哥排长队，销售的鲜花总量达到万枝，这得益于网店带来的巨大收益。因此如何经营好网店，如何挑选合适的款式上架，需要各位店主细心思量，好好筹谋。

9.2.3 小视频网站

抖音、快手等小视频很多人都在玩，花店也可以利用这样的App手机程序，进行自己花店的宣传。这类小视频展示性强，传播广，在转发时可以结合微信应用，能达到事半功倍的效果。至于发布的内容，可以涉及鲜花的品种、如何制作花艺作品、作品的样式（文后彩图9-12）等多个方面，力求吸引观众的眼球，以美的、新奇的鲜花和作品来吸引线上的顾客，引导线下实体店的体验与消费。

9.2.4 公众号营销

公众号适合发布长篇的图文（文后彩图9-13），适合做一些记录性的活动，向顾客集中展示花店，有很好的宣传作用。尤其是遇到大客户时，一般询问会比较详细，这时提前设计好的推文就会起很大的作用，不仅能方便快捷地回答客户的问题，而且图文并茂的内容能够给客户留下专业的印象。

在面对众多的顾客群时，如果能够时常有公众号推文推送给顾客，也是维护顾客的一种好方式。

9.2.5 花艺沙龙及讲座

花艺沙龙及讲座是最近非常时兴的线下活动，通过花艺活动既可以拓展顾客群，又可以向顾客展示花店的实力，同时也是花店赚钱和维护老顾客的好方法。看上去一场花艺活动会消耗一定的精力与时间，但本质上花艺沙龙却为花店节省了销售时间。同样一款花艺作品，花店只需要做一款，而其余全部由顾客亲手制作，顾客自己买单，2个小时左右的时间能够销售出去几十件同样的鲜花作品，相当于团购一样，是非常好的销售模式（文后彩图9-14）。

前来参加活动的顾客因为鲜花的美丽与自己亲手制作的成就感，会不停地发朋友圈、拍照，无形中就为花店做了宣传与广告，这是一举多得的好事情。需要注意的是，花店做花艺活动需要有持续性，如此才能持续地维护老顾客，吸引更多的新顾客。

9.2.6 花艺游学

花艺游学是一种新型的花店经营模式，以前主要针对的是花艺师和花店店主等行业内部人员，让学员一边去昆明、荷兰等地见识花市、拍卖市场，一边去看当地的鲜花店，在学习花艺的同时还兼带旅游（文后彩图9-15），对花艺师等人的吸引力比较大。但现在花艺游学已出现一种面向普通顾客开放的趋势，即将花艺游学作为一种浪漫的旅游方式，组织花店的顾客和爱好者，带着顾客游山逛水看鲜花，吃喝玩乐学花艺，也是一种不错的维护顾客的方式。

不过这种花艺游学最好是小众的，组织一些志同道合、兴趣相同的人参加，人数不能太多，一次以十人以内为宜。千万别像某些老年旅游团或学校搞的那些所谓的游学活动那样，动辄几十、上百人，那种大呼隆式的旅游还是让给旅行社去做为好。毕竟，你开的是花店。

9.3　与好的产品、品牌合作

过去，很多人会觉得花店就是卖鲜花，事实也是如此。但今天，我们不妨换个角度思考一下：过去鲜花就是鲜花，你买一枝鲜花，用纸包上，甚至不包，拿走；买一束鲜花，无外乎是捆上，或不捆，也用纸包上，或不包，一样拿走。同样的鲜花，同样的包装和销售方式可以卖给一千个人、一万个人。现在，这样的包装和销售方式还会有市场么？在人人讲求个性的年代，在鲜花店遍布大街小巷的年代，在连顺丰都卖鲜花的年代，你的花店真的只会卖鲜花么？就算你包的同样一款花束能卖给一千个人，但能卖给同一个人一千次么？这，就是需要我们认真探讨的事情了。

如何让你的花店在同一个人身上不停赚钱，让同一个人在你的花店消费一千次？

花店除了卖鲜花、花瓶、花剪等外，还能卖什么？

9.3.1 花店除了鲜花，到底还能卖什么

过去，水产店就卖水产，服装店就卖服装，鲜花店也只卖鲜花，而今，很多店

学会了给自己增加附加值。有的店主学会了深加工，于是水产店卖起了大锅炖鱼；有的店主学会了纵向思维，于是服装店不但卖服装，还卖包包和鞋子……那么鲜花店呢？鲜花店应该卖什么产品才合适？卖大闸蟹么（文后彩图9-16）？让自己摆满鲜花的店里满屋子爬着大闸蟹，花香混杂着鱼虾的腥气，用虾兵蟹将去搭配鲜花么？我这么问这么写，是因为我真的看到过朋友的花店中秋节在卖大闸蟹的情景，这是真实存在的案例。

9.3.2 花店卖大闸蟹合适吗

从短期赚钱的角度来讲，鲜花店抓住中秋节的大好时机，应景卖大闸蟹是合适的。而且不仅是大闸蟹，只要花店能赚钱、赚快钱，卖什么都合适，只要花店的老顾客买账就可以。

但从花店的形象以及长远规划考虑，花店卖大闸蟹合适么？显然，这样做是不合适的。为什么这么说？因为，在普罗大众的心里，鲜花代表的是浪漫和温馨，而鲜花店作为销售鲜花的场所，更要给顾客营造出一种浪漫的氛围，就连关于花店业的电视剧里，故事的主线都是关于男女青年恋爱的内容，浪漫场景充斥着整个剧情，这才是符合社会大众的心理诉求的。那么在制造浪漫、充满馨香与摆满鲜花的花店里售卖满地乱跑，甚至钳人，又散发着腥气的大闸蟹合适么？显然这就是不合适的了，因为这不符合大众的心理预期，顾客可能当时买花时会顺便买走大闸蟹，但回家后心里却会嘀咕，更会对花店产生怀疑：这家花店为何会卖大闸蟹？这还是我想象当中的花店么？它的生意是不是不行了？这样便会对花店形象造成不好的影响，让人觉得你卖大闸蟹是不务正业，甚至以后都不会再来你店里买花。

如果你非要在中秋节卖大闸蟹，狠狠地赚一笔快钱，也不是不可以，但绝对不能将大闸蟹就这样乱糟糟地放在水桶里，裹在网袋中，任其四处乱爬，散发出刺鼻的腥气。

古人过中秋节时，文雅之士会与家人欢聚一堂，赏月，吃月饼，赏秋菊，吃大闸蟹，饮桂花酒。试想一下，当你事先做足了功课，给顾客营造出这么一种氛围，让顾客的脑海中出现这样一种温馨的情景：月圆之夜，一家人围坐在一起，儿女绕膝嬉闹，大家一边聊天，一边剥着大闸蟹，喝着桂花酒，赏着菊花，微醺后举杯邀明月，这是一件多么惬意、多么浪漫的事啊，怎一个爽字了得。

一旦顾客有了这样的想象空间，你再适时地打出广告：本花店特在中秋节来临之际，推出赏月套餐礼盒一套，内有大闸蟹若干，秋菊一束，桂花酒一瓶，月饼若干，欢迎顾客们选购。

这样的场景营销，会立马把鲜花店卖大闸蟹这样一个本来看似不当的举措，升华到一个无限风雅的境界当中，而且不但可以卖大闸蟹，还可以兼卖花束、酒、月饼，这样的打包式营销必能赢得顾客的好感，同时让你赚得盆满钵满。

不过，上述设想也就是个假设，而这个假设是建立在你的花店非要在中秋节卖大闸蟹的前提下的。前文我们说过，开业前，申请营业执照时，要尽可能把经营范围申请的广泛一些，以利于以后的经营，但再广泛，也不可能包罗万物。如果你在申请执照时想注明你以后可以经营所有的商品，恐怕有关部门也不会批准。花店卖大闸蟹不过是烧脑之作，偶尔为之，或许能侥幸蒙混过关，长期经营，不被罚得倾家荡产，也会被强制停业。那么，问题来了，除了鲜花，花店究竟还能卖什么？卖什么样的商品才能与花店的气质完美结合？

9.3.3 花店卖什么合适

花店里卖花瓶、花艺工具等理所应当，但这类物品都是附加的东西，顺带就卖了，我们不予讨论，我们要讨论的是花店除了此类相关的东西外，还能卖什么？首先，花店卖的产品要符合花店的气质，大闸蟹固然是不符合花店气质的东西，然而花店里卖电器、卖烟……肯定也是不行的，因为它不能与花店完美融合，那么卖什么才能与花店气质完美融合的呢？我们要从花店的顾客群体来分析。

花店的顾客主要为女性，受众也大多为女性，也就是说在花店买鲜花的大部分为女性，即使是男性顾客买鲜花，一般也是为了送给女性。收花、送花最多的女性，年龄层大约在20～40岁之间，我们姑且默认为我们的顾客为年轻女性，而且是有品位、优雅的女士，那么花店售卖的商品就要从女士的角度考虑，牢牢锁定在女性身上，从衣食住行、吃喝玩乐等各个方面着手。

女性对花店的期望是温馨与浪漫，这两个是我们反复提到的词汇，那么什么是浪漫的，温馨的东西？女性爱买衣服，很多花店也会动念头想要进服装售卖，但这是不靠谱的，本来满大街就都是服装店，大商场里售卖服装的档位也是比比皆是，而且现代大部分年轻女性都会选择在网上买服装，实体服装店的经营都是步履维艰，花店卖服装，除了造成一大堆的压货与屯货外，不会有其他的结果。显然，这不符合我们花店售卖商品的需求。那么我们能在花店里卖麻辣烫、过桥米线之类的么？显然也不行，因为它不仅不浪漫，气质同花店的定位也不符合。那么，我们到底卖什么才合适，才同花店的品质相符？

我们可以顺着花的思路寻找它的衍生品，找契合鲜花的东西。鲜花除了看，还可以闻，可以吃，可以做成干花，可以泡水当茶喝。花店除了售卖鲜花外本身也还会产出干花，那么我们就可以顺着吃和喝的方向去探讨。

（1）食花

中华民族可能是最会吃的民族，但同时，也是最讲求风雅的民族。连孔夫子都说，食不厌精，脍不厌细。当美食遇到了风雅，食物就不仅仅是果腹的需要，而是要吃出意境，吃出美了。也因此而有了"花馔"，以花入馔，留香齿颊。

食花，已有2000多年的历史。古代的文人墨客以花馔显示其风流儒雅，王公贵族以花馔显示其富贵荣华，坊间流传"花开则赏之，花落则食之，勿使有丝毫损废"之语，就是说，即使鲜花败落枯萎了，也不能离弃，尽可能吃了它，由此可窥识古人爱花之心。中国人最早食花的文字记载，始于春秋战国时期。最早的《神农本草经》将菊花喻为"轻身耐老延年"的上品，当时还有用桂花酿制酒的习俗，桂花酒会被用于祭祀神灵。到了两汉时期，又出现了菊花酒、兰花酒和芍药酱等用鲜花制作的入口之物。"汉昭帝游柳池，有芙蓉，紫色，大如斗，花素叶甘，可食，芬气闻车之内，莲实如珠。"上述记载说明，从汉代开始，鲜花已经被直接食用了。

到了唐朝，中国崇花之风日盛，上至君王下至百姓。春天里采花做花糕已经很普遍了，除此之外，用花煮粥，用花做菜也开始常见（文后彩图9-17）。刘禹锡用嫩菊苗做菜招待大诗人白居易，可见花之美味。宋代后，随着佛教文化传入中国，素食菜品得到了大力发展，甚至影响到了花卉做的菜肴。

《山家清供》中记载了"蜜渍梅花""汤绽梅""金饭""梅粥""荼蘼粥""雪霞羹""广寒糕""菊苗煎""梅花汤饼""松黄饼""薝蔔煎""紫英菊"等十多种花卉肴馔。其中不乏以各种花为原料制作的汤品。《云林堂饮食制度集》更是记载了元代用花卉来熏制花茶和制作汤一类的饮料。

到了清代，集大成的《调鼎集》中，只"果品部"就收录了近50种花果的烹饪方法。

鲜花烹饪方法不拘一格，可制点心、热炒、做汤。鲜花虽不能饱腹，但其清香绚烂，总能让人体会到一种出尘脱俗的精神愉悦，"吃花"尝味，更是为了尝"风雅"。

现今，云南的鲜花宴（文后彩图9-18）已成为到当地旅游必尝的特色美食，利用玫瑰、桂花、桃花、樱花、荷花等花材做成鲜花美食，令顾客在满足口腹之欲的同时也带来视觉上的享受，真可谓秀色可餐。

中国食花的历史悠久，但流传下来的方法，现代人不是人人都能掌握的，鲜花店嫁接鲜花美食，不是不能做到，但是有一定的难度。成功的也不是没有，北京有一家以做与鲜花有关的美食和用美丽鲜花布置闻名的店叫花厨，许多顾客慕名而去，让花店成了网红打卡的胜地。但像这类型的花店的难度在于，花店需要有专门的厨师，有比较大的场地，还要有成功的营销方式以及花费不菲的装修费用，这样的店没有一定的水平和条件，以及大量的资金支持，是不可以随便复制的，否则极易闹出画虎不成反类犬、东施效颦的笑话。

（2）饮花

饮食饮食，饮与食是密不可分的。食花既然在中国已有上千年的历史，那么，饮花的历史一样不短，而且时间更久远。在中医药学上，花草与中草药是不分家的，很多花都有药用价值，因此花也常被人们当做调理佳品，制成有药用功效的花茶饮用。

在常见的花茶中有四种特别被人们接受，分别为**茉莉花、菊花、金银花、玫瑰花**。

① 茉莉花茶。

茉莉花茶又叫茉莉香片，已有1000多年的历史。茉莉花茶是将茶叶和茉莉鲜花进行拼和、窨制，使茶叶充分吸收花香而制成的花茶（文后彩图9-19）。其香气鲜灵持久、滋味醇厚鲜爽、汤色黄绿明亮、叶底嫩匀柔软。经过一系列工艺流程窨制而成的茉莉花茶，具有安神、解抑郁、健脾理气、抗衰老、提高机体免疫力的功效，是一种健康饮品。

茉莉花茶也属中国名茶，而被人们广泛熟知。但也正因为如此，茉莉花茶花店不具有售卖性。因为茉莉花茶到处都是，大商场、茶叶店、超市，甚至小副食店都能觅到它的踪影。而茉莉花单独作为花冲泡，由于花朵一般较小，又是白颜色，只有香气花型又不好看，不适宜在花店售卖。

茉莉花茶不是所有的人都适宜饮用的，有些本身体质不好的人不能长期饮用。如肠胃堵塞的人，不应该经常喝茉莉花茶，因为茉莉花中含有能够破坏胃黏膜的物质；神经不好或者压力大经常失眠的人，不要经常饮用，尤其是在晚上入睡前不要饮用茉莉花茶，因为茉莉花茶中含有咖啡因，能够刺激人的神经，使得大脑处于兴奋状态，使失眠者更加难以入睡；还有体虚贫血的人，也不要经常喝茉莉花茶，因为花茶中一些含量较高的元素，会影响人体对铁的吸收；重疾病患者不适宜喝茉莉花茶，因为它会造成身体发虚、发凉，不利于病症的治疗。

② 菊花茶。

菊花味甘苦，性微寒，有散风清热、清肝明目和解毒消炎等作用。菊花茶（文后彩图9-20）起源于唐朝，至清朝广泛应用于民众生活中。白色的菊花味道甘甜，平肝明目的效果好，如果眼睛干涩不适可以选择，但清热能力稍差。黄色的菊花味道稍苦，清热能力强，常用于散风热，如果上火，口腔溃疡，用它泡水能败火。野菊花对防治流脑、流感、毒蛇咬伤效果较好，所以，这几种菊花在使用时不能混淆，更不能相互替代。

菊花茶也是被人们广泛接触熟知的花茶类，但菊花性寒凉，不适宜多饮用，而众多菊花茶种类中以杭白菊、金丝皇菊、天山雪菊最为有名，其中天山雪菊最过寒凉，不适宜女性饮用；金丝皇菊则因色泽金黄，花瓣较大，形状美丽，冲泡好看而受到热烈追捧。金丝皇菊在网络上有很多人销售，价格也很便宜，但没有比较著名的厂家和品牌。

现代研究认为，菊花含有多种营养物质，具有抗菌、抗病毒、解热、抗衰老等作用。用菊花泡茶，不是所有的人都适宜长期连续饮用，一般3～5天即可。体质偏寒的人不妨在菊花茶中放点枸杞，脾胃虚寒的人最好少喝。阳虚体质的人，如果一味地喝具有清热泻火功效的菊花茶，容易损伤正气，越喝越虚。尤其是脾胃虚寒的人，性凉的菊花茶容易引起胃部不适，导致反酸。可见，用菊花茶来降火清热也是有选择的，不能千人一方。因为菊花性微寒，有些阴虚火热体质的人喝菊花茶，反而会引起上火的现象，饮者喝之前需要清楚自己的体质，以免起到反面效果。

③ 金银花茶。

金银花味甘，性寒，具有清热解毒、疏利咽喉、消暑除烦的作用。金银花茶是用优质绿茶为素坯，加以新鲜金银花，按金银花茶窨制工艺窨制而成，单独冲泡金银花（文后彩图9-21）有些微涩感，并且同样金银花花型过小，香气不足。

而它仅适合在炎热的夏季暂时饮用，以防治痢疾。虚寒体质及月经期内不能饮用，脾胃虚弱者不宜常用。金银花性味寒凉，会影响脾胃的运行，在暑天使用较为合适。

④ 玫瑰花茶。

玫瑰花茶气味芳香，药性平和。经沏泡过的玫瑰花茶，会散发出沁人的芳香，给人神清气爽的感觉，其中以半开放的玫瑰花品质最佳。中医认为，玫瑰花味甘微苦、性温，最明显的功效就是理气解郁、活血散淤和调经止痛。此外，玫瑰花的药性非常温和，能够温养人的心肝血脉，舒发体内郁气，有镇静、安抚、抗抑郁的功效。

女性在月经前或月经期间常会有些情绪上的烦躁，玫瑰花茶可以起到调节作用。在工作和生活压力越来越大的今天，即使不是月经期，也可以多喝点玫瑰花，安抚、稳定情绪。

玫瑰花茶（文后彩图9-22）用传统玫瑰鲜花烘制而成，富含香茅醇、橙花醇、香叶醇、苯乙醇等多种挥发性香气成分，因此泡出的茶水具有甜美的香气。对于重视视觉享受的花茶爱好者而言，是不错的选择。玫瑰花茶适宜用透明的玻璃杯冲泡，在品味的同时，还可欣赏那脱离花枝的玫瑰在水中开放的独特美丽。玫瑰花茶性质温和、花形唯美，颜色粉嫩，香气优雅迷人，入口甘柔不腻，能令人缓和情绪、疏解抑郁，很适合上班一族。

玫瑰花是所有的花茶里兼具药性温和、香气香甜、口感佳、花型美观的一款花茶，尤其它调理女性生理周期的药性特别突出，适合女性长期饮用。因为花店主要的顾客群体就是女性，因此玫瑰花茶是最适合花店售卖经营的附加产品。当顾客在你的花店里听着舒缓的音乐，闻着花香，你递给她一杯在杯中缓缓绽放的玫瑰花茶时，顾客紧绷的神经一定能得到极大的缓解，她将对你的花店产生非常放松与舒适的信赖感，同时也将对手中那杯玫瑰花茶产生浓厚的兴趣，如果你的杯子再漂亮一些，甚至她会连杯子一起买走。这无形中就为你的花店产生了附加销售，而且这属于非常贴合花店形象的销售产品。

玫瑰花茶也分很多种，有药店和超市售卖的各类玫瑰花蕾，墨红玫瑰、苦水玫瑰以及重瓣红玫瑰之分。其中玉带河流域以盛产重瓣玫瑰著称于世，是中国玫瑰的代表。玉带河流域重瓣玫瑰始植于唐代，距今已有1300多年，在食、药、饮玫瑰系列中，其不仅栽培历史悠久，而且以花大色艳、香气浓郁、香甜四溢、纯正持久、含油量高而闻名于世。

9.4　代理优秀品牌产品

在众多的玫瑰花茶品种中，要注意选择无硫黄熏蒸的，重瓣玫瑰开发的比其他玫瑰品种更完善，因为它的优质花型、花色、香气等各项综合指标均适宜于制作玫瑰花茶，被洛施花舍（Rósa Floweryvale®）选用，制作自己的品牌玫瑰花茶（文后彩图9-23）。在其他的玫瑰花制作的花茶中，就算同样使用重瓣玫瑰制作的玫瑰花茶，也属洛施花舍的玫瑰花茶在行业内知名度最高、标准最高，最适宜选用与售卖。

洛施花舍是中国高端玫瑰花茶的开创者，同时也是国内首家以高品质玫瑰为主，专营鲜花茶品的企业。它的前身rose花茶舍，就以纯正的品质赢得了海内外终端客户的一致认可及追捧。2014年9月3日，洛施花舍正式在香港注册，成立香港洛施实业有限公司，洛施花舍将高品质新鲜烘焙的茶品与健康概念引入玫瑰花茶，其花茶由采茶师傅挑选最高品质级别的鲜花加工而成，最大限度地保留了来自玫瑰花朵里的营养和美味，整个制作过程中不添加化工香精及硫黄色素，由此制造出最自然的高纯度花茶，它的精油饱和含量是普通玫瑰花茶的数倍。

在花茶中，洛施花舍玫瑰茶是最能体现鲜花风格的品种。目前，人们喝的玫瑰花茶大多数是在超市、药店、网络上购买的，这些玫瑰花茶价格虽然相对低廉，但其口感和调理功效却差强人意。与之相比，被洛施花舍玫瑰花茶选用的玫瑰花，种植于有1300多年培育纯正玫瑰历史的玉带河流域，其种植基地四面环山，被玉带河环绕，远离污染，因此培育出的玫瑰香气更浓郁（文后彩图9-24）。洛施花舍玫瑰花采用传统种植方法，不喷农药，在凌晨手工采摘半开玫瑰花，此时的玫瑰花精油含量更是白天采摘的4～6倍，营养成分最好，再由行内老窖师烘焙而成，所以用于制作的每一朵花都最大限度地保留玫瑰花天然形态花香与营养价值，还原最自然的玫瑰气息。

目前食品安全问题让国人深感担忧，而洛施花舍玫瑰花茶的食品安全标准远高于国家规定的相关指标，拥有全球公认质量和诚信基准的SGS认证机构和欧盟权威的评定认证（图9-3）。按照国家食品安全标准含量，目前新鲜水果的二氧化硫含量标准是不超过0.05g/kg，而据国际权威检测机构SGS检测报告显示，洛施花舍的玫瑰花茶二氧化硫的含量只有0.031g/kg，SGS认证机构内部专员看到这份检测机构报告结果也说，现在能有这个含量很难得。另外一项是含铅量指标，参照国家食品安全标准，茶叶的含铅量标准是不超过5.0mg/kg，而洛施花舍玫瑰花茶检测的结果是0.170mg/kg，这份报告意味着洛施花舍玫瑰花茶的质量通过了欧盟规范市场的权威评定认证，同时也让洛施花舍玫瑰花茶成了中国花茶行业中，首家获得国际安全评定认证的品牌。

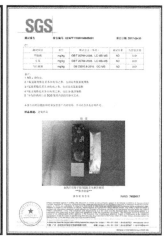

图9-3　洛施花舍的SGS检测报告

洛施花舍品牌的产品线很丰富，除了有玫瑰花茶外，还有法国高端美容护肤品系列（文后彩图9-25）以及时下正热门的大健康产业意大利血橙营养素，可以说是一个越来越完善、越来越欣欣向荣的企业。这个品牌有一个非常有意思的特点，它是微商又不似微商，因为产品做得好，代理商们经常货不够卖，货到即售空，而它不仅仅是做线上与国内市场，而是做全球区域的代理，还会做各种各样的高端商务交流活动与品鉴会（文后彩图9-26）。

更有意思的是洛施花舍与花艺圈子非常契合，好多花艺师、花店业主都是它的代理，而它与花艺活动的结合也特别紧密（文后彩图9-27）。我曾连续在北京、上海的国际花卉园艺博览会，北京国际设计周的花植节，中国组合盆栽大赛等花艺界盛事中见到过洛施花舍的身影（文后彩图9-28），亲眼见它或以特邀参展商或以活动赞助商的身份出现，其展位往往会吸引众多花艺师、花店业者的关注目光，观众也经常把展位围得水泄不通。我也见过很多花店在代理洛施花舍后，把玫瑰花茶摆在店里招待顾客（文后彩图9-29），同时售卖洛施花舍特色礼盒（文后彩图9-30），有的花店和花艺师还会亲自动手设计产品与鲜花礼盒、花束（文后彩图9-31），做成具有自己花店特色的玫瑰花茶礼品售卖给顾客，从而带动了整个店的销售业绩成倍增加。

洛施花舍玫瑰花茶因其烘焙中的特殊方式，极大地保留了玫瑰花的营养物质，令很多顾客在喝茶的过程中不知不觉地受益。顾客受益了，自然而然地就会对产品忠诚，对产品忠诚从而也会对花店产生极强的信任与依赖感，由此增加了顾客与花店之间的黏度，提升了顾客的回购率。

前文讲述过，鲜花业有淡旺季之分，花店业更是会受到多种因素制约，而代理好的产品，加盟好的品牌，无疑为花店上了双保险。选择好的、适合花店的产品代理销售，不但不会损毁花店形象，反而会在提升花店形象的同时，还能为花店带来业绩与新的经营契机。洛施花舍的玫瑰花茶，不但有优质的产品，还有完善的营销模式与团队，甚至一直在打造企业的营销平台。

很多花店业主会觉得微商天天在朋友圈刷屏，这种做法影响形象甚至很低端。这种认知仅仅停留在对微商1.0的认识上，而洛施花舍则是微商4.0的段位，已经走上平台化的运营道路了，它有很强大的头脑团队，自主运营的运作模式，代理们只需跟着它的脚步学习，就能学会如何发高质量的朋友圈，如何快速出货，如何成为实力强大的代理商。

洛施花舍这种高效运转模式优势非常明显，实体店主在嫁接洛施花舍后，除了能够持续地利用花茶产品增加收入与销售业绩，也能够通过学习线上运营模式，提高自身花店的经营能力。比如前文提到的利用朋友圈的营销方式，如果花店店主通过与洛施花舍的结合，学会了朋友圈的经营方法以及微商的引流方式，一定也能令花店生意快速增长。

9.5 也许做微商并不是坏事

引入洛施花舍这样的品牌，将帮助你招到同行业的花店代理（表9-1）。你的心态也将因此而变得开放，因为你希望同行们可以看到你的朋友圈，因为被你吸引，从而也代理洛施花舍。通过这种形式，你会希望与各类花店建立更紧密的合作关系。把它们都变成你的代理。你不再回避、防范同行，反而更愿意去扶植并帮助同行，在同行赚钱的同时，你也会因此而赚钱，实现双赢。因此，洛施让同行之间不再是对手和冤家，而是朋友，是伙伴，是同道。大家在花艺行业里相互扶持，会走得更好，更远。

表9-1 花店代理加盟前后对比

加盟前	加盟后
昂贵的店租	一个店面两份收入
员工与老板的抵触关系	员工成为代理同心同德
员工不稳定离职率高	员工稳定即便离职继续创造价值
客户黏性欠缺	增加客户黏性
客户流量难找	线下增加客户流量

代理洛施花舍这样的品牌，还有一个好处，就是你旗下代理有什么样的店，就相当于你有什么样的店，你的代理店在什么位置，你就相当于有什么位置的店。

比如你做花店，并且你的代理有一家甜品店，那么你就可以在接婚庆服务时，花艺、甜品一齐拿下，这不但拓展了你的事业，而且也会让你更专业。

因为与你的甜品店代理合作，你不但可以用更优惠的价格拿到甜品服务，而且你们也合作接婚礼订单，从而拓展更多的客户。这就组成了一个团结协作，互相帮助、互相扶持、互相促进的团队。

花店代理也是这样，你有了其他城市的花店代理，那么那个城市的鲜花订单你就可以推荐给她，这不但促进了她的花店经营，而且从此以后，你也不再是一个单打独斗的花店业主，如果你的代理遍布了整个地区，甚至是全国，你就变成了一位站在整个产业链条终端之上、有多家花店联盟的"武林盟主"。一个人永远干不过一个团队，当你整合了一个区域、一个城市，甚至一个省的花店时，那将是多么庞大、多么壮观的一股行业力量，到时整个区域的花店业规则都可以由你说了算，你将以极小的代价撬动整个行业的运转！到时行业里你还有什么事做不成？还会怕不赚钱？

我在采访的过程中，遇到了一个花店代理洛施花舍后发生变化的真实案例，在这里和读者分享一下。

花约，是江苏镇江的一家网红花店，老板娘姑且以花约代称。这家花店在镇江这个地级市里非常出名，因为其除了像普通花店经营各式商业花礼，做花艺沙龙、花艺讲座外，这家花店还有一项特色服务，便是花艺旅拍摄影（文后彩图9-32），因为花约本人是一个爱旅游的摄影爱好者，因此她把花艺与旅拍摄影结合起来，作为特色经营项目，服务于当地甚至全国的顾客。

初次见到花约（文后彩图9-33）是在照片上，她有着美丽有神的双眸，一头黑漆飘逸的长发，安静地坐在店里做花艺，就像大多数人想象中花店老板的样子，但真正的花约其实是一个非常有经营头脑、干练的姑娘。花约店里除了售卖鲜花，还经营着服装、燕窝产品，另外还可以提供下午茶给顾客，可以说这家花店比许多花店经营得都要好。

花约把花店经营得有声有色，顾客也都非常喜欢与认可，然而2017年的下半年，在花约刚刚把花店搬迁到新位置半年时，遭遇到了重大危机。

新店是商场的底商，花店对面是一大片开阔的空地，本来是停车场。对于实体店铺而言，这个偌大的停车场是相当有利的。但就在她将新店装修好，刚刚经营了半年时，好好的停车场忽然开始拆迁，准备建造一家大型商场。大型商场的建造说起来是件好事，建成后肯定会吸引来更多的客户，让花店的生意更上一层楼。但漫长的建设工期却给周围的店铺造成了灭顶之灾。由于距离太近，花约的店门口也立起了脚手架，工地高高的围挡甚至连她的店铺门脸都遮挡住了（文后彩图9-34）。白天顾客进不来，晚上周围连路灯都没有，一片漆黑。原本兴旺的生意转眼间冷清下来，很快，周围的店铺或另寻新的铺面搬家，或相继倒闭关门，花约的门店也难以为继了。

新店的地理位置明显比旧店优越，周围的环境和铺面的硬件条件也比旧店强得多，是好不容易才租到的。等对面商场盖好后，这个地段的客流量肯定会非常大，未来将一片光明。可是，当下怎么办？坐吃山空，干等赔钱，自己的花店能否坚持到重见天日的那一天，她的心里并没有底。但就此放弃又实在可惜，更让她心有不甘，新店装修和搬迁投入了一大笔金钱，现在放弃，意味着原先的资金投入全打了水漂儿，自己这么些年就白干了。但不放弃，又该如何渡过眼下的难关？一旦坚持不到对面商场建成开业的那天，岂不越赔越惨？是尽早放弃、及时止损，还是咬牙坚持，期待美好的明天，成了摆在花约面前的两难问题。

为了坚持下去，花约把新买的进口轿车低价卖了，将卖车所得的20多万元全部填进了店铺里，但这就如杯水车薪，转眼间耗尽。最初的时候，花店还有一些念旧的老顾客不辞辛苦地偶尔光顾一下，但渐渐的，老顾客也越来越少，那点可怜的收入连人工费都不够。虽然没有顾客，没有收入，但房租水电费却依然要交，花约自己也还要生存，不能无限制地填补花店这个窟窿，怎么办？

明明是看好的新店铺，刚装修好还没收回成本，就被迫遭遇了关门危机，她为了维持梦想与花店情怀，不得不卖掉爱车，继续经营花店，代价不可谓不大，但这依然难以挽救她的店。更让人担忧的是，店铺门前的商场虽然已经施工了一年多的时间，但按工程计划，等商场主体完工，拆除脚手架和围挡时，还要等待一年多的时间，这意味着她的店铺还将面对一年多没有顾客上门的危机，即使等商场顺利盖好，距离她搬迁到这个位置已经3年过去了，原来的店铺装修早已过时，届时，她还需要面临一个重大的问题，就是重新装修店铺。花约细细地算了一笔账，描述了她当初的困窘局面：花约的店不算人工水电等费用，仅1年的租金就要6万元，3年租金需要18万元，而这3年的时间里，店铺的有效使用时间只有半年。另外，60平方米的店铺重新装修，至少也要10万元，18万元租金加10万元装修费，再加上3年的店铺维持费用，还要算上她自己的生活费用，这3年的时间保守估计至少需要50万元。她的车卖了20多万元，资金缺口至少还有20万至30万元。这么大的资金缺口用什么去弥补？

逐渐地，来花店的顾客已由"门前冷落车马稀"变成了门可罗雀，基本上没有顾客上门了，眼看花店就要坚持不下去了，但等到2018年12月年终，我采访花约时，她的花店却是"柳暗花明又一村"，形势一片大好。此时，她的新店门前的商场依然没有盖好，店铺依然是被遮挡的状态，同样的情况下，一年多的时间里，花约的花店事业却由正常到衰落，再由步履维艰到兴旺昌盛，如此天翻地覆的变化，花约，是怎样做到的呢？

外表看起来，花约是一位温婉可人的江南女子，但骨子里，她又是一个坚强无比、韧劲十足的生意人。其实，南方女子大多如此，一个个看上去柔柔弱弱，婉约娉婷，实则内心强大，大多具有咬定青山不放松的顽强意志，花约更是如此。更重要的，她是一个有目标、有头脑的女老板。一次偶然的机会，让花约接触到了洛施花舍，她敏锐地发现并抓住了里面的商机，立刻加盟其中，成了洛施花舍的代理。对于很多花店或生意人来讲，可能是不屑于做微商的，但花约不在乎，她要生存，要店铺转危为安。于是她认真地学习微商的技能，跟洛施花舍的伙伴们学习如何发朋友圈，她利用摄影的特长，把玫瑰花茶拍得非常美丽好看。美图一波一波分享到朋友圈，她的老顾客看到这些诱人的美丽图片和文字说明，被吸引纷纷向她购买，在买花茶的同时也来找她预订鲜花。就这样，她的花店又开始有生意上门，在她的店铺完全没人上门的情况下，她靠做洛施花舍的线上微商，不仅卖玫瑰花茶，而且把鲜花生意也做到了顾客家里。慢慢的，花约的事业越做越大，很多像她一样有类似危机或经营不善的实体店，包括花店，都来向她请教，甚至加入她的团队，成为她的代理伙伴。就这样，花约在加入洛施花舍6个月后，收入已达到了50万元，也拥有了50人的团队，其中大部分都是实体店铺，而她的花店也就这样转危为安。

花约的经历看起来是幸运所致，实际上，这一切都与她的眼光与坚守有关，人们常说，机会是给有准备的人提供的，花约的故事完美地诠释了这个说法。在勉力支撑店铺时，她独具慧眼的看准了洛施花舍，及时地加盟代理了这一优秀的产品，利用她原有的老顾客群巧做文章，把洛施玫瑰花茶卖给了N个顾客，也卖给了同一个顾客N次，同时也让鲜花生意起死回生。在她的店铺无法运营下去的窘困情况下，却在另一片天地里收获到了团队伙伴和顾客，也收获到了利润，从而帮助她的店铺转危为安，让她的兴趣和爱好能继续发展下去。

花约的实体花店在本书写作时仍不在正常的经营状态之中（文后彩图9-35）。店里依稀可以看见当初花店的样貌，店面依然冷清，但店里不再有鲜花，而是摆满了当季的服装和洛施花舍的产品，俨然成了一个库房。她还有一个员工在帮她看店处理杂事，接到的鲜花订单也大多转给了合作伙伴，而她自己，则拿着一部手机，早把生意做出了镇江这个小地方，她在全国都有代理伙伴，也有顾客。她的花店现在她已经完全脱手了，只有店员在看一下店，好让她有个处理事情的地方而已。现在她的眼界更开阔了，下一步的目标是要把生意做到全世界，她说这是洛施花舍带给她的底气。我问花约以后的规划和打算，她告诉我，这个店她不仅会做下去，未来还会扩大经营，花艺也会继续做下去，但她会换个方式经营花店了。她的花店未来要跟花茶更紧密地结合，把花店办成一个朋友聚会交流的展示场所，而鲜花更多负担的是吸引人来的一种美好的小确幸。她也对自己做了一下展望，她说她很感恩在那么困难的时候遇到了洛施花舍，遇到了她的伙伴sunshine花店，她想和她的伙伴一起把洛施花舍的事业做大，而经济更宽裕了以后，花店会转成她的热爱，将来她花店里的花就是送给顾客又有何妨，她为的就是希望更多的人跟她一样爱花，感受花的美好。她说她再也不要把鲜花当成大白菜一样，以白菜价卖出去了，她要做更高端、更优雅的花艺事业，那种传统类型的经营方式她再也不会做了（图9-4）。

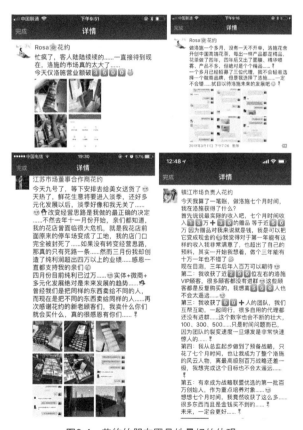

图9-4　花约的朋友圈是她最好的体现

这就是花约的故事，她很惋惜她刚买没多久就卖掉了的爱车，她在谈到洛施花舍帮助她转危为安时，明亮清澈的双眸中绽放出光芒，这个江南的婉约小女子，凭借过人的胆量与眼光，还有三分幸运与七分努力，正在逐渐蜕变，日益强大。

花约已经攒到了50万元，提前把店铺进行了装修（文后彩图9-36），新的花约店正升级改造中，很快就可以和顾客们见面了。

9.6　跨界

除了代理好的品牌，进行资源整合外，你还可以跨行业发展，也就是现在流行的花店+模式。其实现在某某＋模式已经很多了，比如顺丰卖鲜花就是跨界，小卖部代收快递也是跨界，蛋糕店卖鲜花更是跨界，一家实体店除了本身自己经营的产品外，还做其他行业，代理售卖其他产品，这就是跨界。鲜花店加盟洛施花舍，销售玫瑰花茶和相关产品其实也算跨界，但鲜花店有天然的特点，跨界应该跨得是与花店周边产业相关的行业或产品，并且能够促进鲜花店的发展，才算是成功的跨界。如果鲜花店代卖鞋子或者大闸蟹，只能算是不成功的跨界，我们这里不予讨论。

鲜花店可以跨界到以下行业进行资源整合：

① 鲜花＋美食。

成就有吃有花的世界，在上海的繁华地段有一家网红甜品店（文后彩图9-37~彩图9-41），以甜品结合鲜花、下午茶、酒吧的经营模式深受当地顾客喜爱。这家店随便一张桌子都是价格高昂的大理石桌面，所有的器皿与餐具极具用心，虽然一道甜品动辄七八十的价位，看起来非常的盈利，但在开店前期投入无疑也是巨大的。同时由于此类店铺前期运营时须得引导客流，而顾客来到店里除了为了店内的陈列、颜值，要想吸引住顾客还得是店内甜品的味道，因此用心的搭配与优质的服务和令人回味的味道才是店铺能长久运营下去的关键。

此类店铺的关键还是在于产品，而不仅仅是颜值或"网红"，相反因为"网红"的口碑，更得严格要求自己，否则红得快，败得也快。

② 鲜花＋咖啡、茶饮。

让花店变成能闻着花香，听着轻音乐，品着香浓的咖啡、花茶、冷热饮的休闲、休憩之地；还可以＋图书，让顾客在花香中读书，让书香伴着花香。更可以把几者结合起来，形成一个以鲜花为载体，集吃、喝、聊天、看书为一体的会所式休闲放松场所。

③鲜花＋摄影。

让花店变成摄影花艺工作室，进行私人摄影定制；也可以＋婚庆策划，让花店变成专业的婚礼花艺场所；更可以＋旅行、游学，让花店变成一个带花去旅行的项目召集者。还可以把这几项结合起来，策划出一场场的鲜花旅拍活动。这样的花店一定会成为极具特色的鲜花服务商。

④鲜花＋杂货铺。

经营好了就是一家卖优质生活的品质生活店。人们熟知的野兽派就是这种模式的鲜花店。

⑤鲜花甚至还可以＋心理学。

与心理学结合成为花疗，帮助更多的人在高压下放松神经与心情。

鲜花可以＋的模式还有很多，只需要找到和鲜花高度契合的点，好好的设计与规划，把你的店做成有特色的花店，这将有助于你吸引更多顾客慕名而来。花店业当前竞争激烈，甚至连鲜花电商都开始疲软，而微信更是被层出不穷的鲜花拼团群所淹没的情况下，一家没有经营特色的花店是难于生存的。花店要想生存并持续发展，需要花店店主把眼光放得长远一些，格局放得大一些，要不断寻找新的商业契机，才能令自己的花店有竞争的优势。如果你正准备开花店或者刚刚开业，就更需要给你的花店寻找新的思路、新的出路，为花店打好竞争的基础，做一家有品质，有特色，能让顾客记得住的优质花店，才是赚钱的根本王道。

第10章

经营中不可或缺的人

我们把产品卖给顾客，把鲜花卖给顾客，我们甚至在花店里经营花茶、卖咖啡也是为了吸引顾客增加收入，那么顾客好的体验感与满意度，就是我们在经营中追求的，我们做的是人的生意，卖鲜花也是为了让人心生喜悦。在经营中，如何做到让顾客满意，如何做到哪怕是顾客偶尔一次踏足了你家的店门，便还想来第二回、第三回、第N回，这都是有学问的。

在经营服务中，如何面对同行，如何与同行和平相处，不引起纠纷，也是需要学习的内容。

至于我们自己，如何让我们看起来符合花店形象气质的要求也非常重要，只有你看起来符合顾客心目中的期待，顾客才会觉得你是名副其实的，而你又如何做到在顾客心目中留下印象，令顾客一买花，一有送礼物的需求，一说起花店就会想到你呢？这都是需要技巧的。只有把自己当成花店的一部分，才算是真正做到了与花店密不可分。

10.1　人也是花店的一部分

我们在创业之初，很难有足够的资金与经验，将自己的花店打造的如一个百年老店或资深大店那样，有很多的顾客和有非常高的知名度。一家新开的店，可以靠开业活动吸引顾客，也可以靠有特色的装修吸引顾客，但如何留住顾客，如何让顾客记住你，如何让顾客对你的店产生好感，就要靠我们自身了。有时新开的店，甚至雇不到员工，事事需要老板亲力亲为，一个人又进货又当店员，还要会算账，许多店主会因此而叫苦不迭。但现在我要告诉你的是，下面对你提出的新要求（图10-1）更高：你要把自己当成花店的一部分来经营，新开店铺，就是把自己推销给顾客。

图10-1　个人形象的打造

10.1.1 着装，服装的选择

在销售中有一个10秒定律，讲的是一个人与你初次见面，10秒钟就决定了他喜不喜欢你，在这10秒钟里，对方会把你从头看到尾，而你根本还没有开口的机会。你的头发、你的衣服、你的包包、你的鞋子，你的表情，都构成了对方对你的初次印象。第一印象往往非常重要，即使你对他再重要，他对你的第一印象就决定了日后他对待你的态度，很难再改变。

很多企业为了统一企业形象，会要求员工穿职业装或者工服，售卖商品的店铺也会让自己的员工穿上带有本店铺LOGO的服装，以方便顾客辨认，那么自己开店铺呢？作为一个花店的经营者应该穿什么样的衣服出现在店铺里才合适，面对顾客又应该把自己打造成一个什么样的形象才合适呢？

首先要分析你的店铺定位，是面对学生群体、白领还是高端人群，或者是热爱浪漫的普通顾客？根据自己的店给自己定位，而不是自己爱穿什么就穿什么，爱穿成什么风格就穿什么风格的衣服。

我们说什么场合穿什么衣服才是大方得体的，不能去夜店穿职业装、运动服，也不能参加婚礼穿夜店装，作为一个店主要注意自身形象的树立，如果要招聘店员，那么就要给店员树立良好的榜样，要有老板的样子，既让员工有敬畏之心，又要有老板的亲和力，更要让顾客看着舒心。因为你开的是花店，顾客在心里对花店的心理预期，往往是那种浪漫的、温馨的、舒适的感觉，很多女人都会幻想着自己开花店的样子：穿着飘逸的长裙，优雅地穿梭在花丛中。如果你是老板，你有足够的员工，不需要你干太多活，不妨就把自己照着顾客所想去穿衣打扮，让顾客觉得，啊，这就是我想要的花店的样子，她就是我想要的自己的样子。这样做的好处是能够快速引起顾客的好感，引起顾客的共鸣，能够让顾客产生共情心理。

如果你没有足够多的员工，甚至没有员工，什么事情都得自己亲力亲为，当然穿衣服应以方便为主，但不妨穿出自己的个人特色，比如你可以尝试中国风，也可以尝试欧美风，等等，总之穿衣服要有自己的特色与风格，不能乱穿衣服。我见过很多我们前文所说的普通花店的老板，大冬天穿一双雪地靴，老棉裤，跟顾客说话插着兜背着手，要么身上衣服好几天都没换了，蓬头垢面的，这样的形象只会让顾客看低你，也只会让顾客觉得你的花很廉价而且质差，这样是非常不利于销售的。我们要做的是一家高品质的鲜花店，也许你的店面并不大，也许你根本没有员工帮你，但你自己要经营的是一家有品位的赚钱花店，因此一切都得对自己严格要求，把自己当成花店的一部分去打造，才是正确的做法。让人一眼观之，就觉得你不一般，顺带就会觉得你的花、你的花店不一般，让人觉得你有品位，那么你做出来的花也不会差，你的花店也是有品位的，这是连带效应，你和花店密不可分。

（1）什么样的衣服不能穿？

在花店什么样的衣服不能穿呢？除非你要加班，要抗箱子要搬砖，不然那种运动风或者夜店风之类，不符合花店风格的衣服不要穿。因为你在花店不光是要打理花材，你还要面对客户，你得时刻保持形象良好，因为如果客户来找你洽谈大单，你以不良好的形象出现在他面前，就会因缺乏气场而让客户轻看你，损失的就是你自己。你说你需要侍弄花草，你需要打理货物，穿高跟鞋长裙干活不方便，那么我建议你在花店准备一两套衣服，以及围裙和套袖，干完活及时更换衣服，在客户面前尽量保持良好形象。

（2）什么样的衣服能穿？

什么样的衣服能穿？很多人会觉得开花店是很文艺的事，那么首选文艺范儿的服装，有些人爱穿旗袍，有些人爱民国风、禅茶服，等等，你只要穿适合自己风格又讲究的衣服就好。

时刻注意自己的形象是一件很好的事情，我过去给别人讲服装搭配课时，亲眼见过很多女人，因为一件得体的衣服而立马改变气质，整个人的气场都不一样。保持合适得体的穿着，更应该成为我们的日常行为准则。这里只是拿女士做例子，其实男士更应该如此，不能因为夏天天热就光膀子，或者穿跨栏背心，更不应穿得怪模怪样，甚至胳膊上左青龙右白虎地纹身，这都会吓到顾客，给顾客留下不好的印象。

10.1.2 妆容

很多男士都会对老婆说素颜挺好，于是很多女士就真的不化妆，自诩天然美，然后男士就会嫌弃自己老婆是黄脸婆了。其实男士的意思往往是淡妆，而不是真的不化妆，不化妆那不叫素颜而叫"裸奔"。现代社会压力大，很多人都气色不好，尤其是做花店业，起早贪黑与加班更是常态。因此如果你成天素颜到店里去，会让顾客觉得你没有朝气，不精神。疲惫并不是一个好的经营销售状态，要适当地化淡妆，让顾客觉得你每天都气质满满，气色很好，才会令人愉悦，因为你自己也是花店的一部分。男士开花店、做花艺师也是一样的道理，可以不用涂脂抹粉地化妆，但脸上不能像几天没洗脸的样子，头发应当打理，胡子应当刮，脸上不油腻。这才符合一个店主，一个花艺师的良好形象，只有随时保持良好形象，顾客才会觉得这家花店是讲究的。

10.1.3 言行举止得体

除了衣饰与妆容的讲究与得体，一个人言行举止得体更加重要。顾客进店看到你正在抠脚，或者正在挖鼻孔，然后又去给他做花盒、包花束肯定是不行的，顾客一定会嫌弃地转身走掉。同样，在中午时分，在店里醒目位置放个躺椅，躺着睡觉也是不雅观的，我就多次看到好多店主有这样的行为，我通常不会叫醒对方而是转身走掉。不得体的言行举止包括站、立、坐、卧的方方面面，同时也包括表情与语言。操着一口方言，张嘴就是脏话，这样的语言行为也是不得体的，会令顾客厌烦，不利于成交。

因此作为一名花艺师、一名经营美好小确幸的花店店主，需要时刻注意自己的一言一行，注意自己的穿衣打扮，做符合自己身份的事。

10.2　面对同行

俗话说同行是冤家，行行如此，花艺圈花店业更是如此。今天你凭着辛辛苦苦花大几万学习来的技艺，设计个新款花束造型，拍了照片放到朋友圈，除了收获一堆点赞外，还会有若干盗图，你好好地跟人家说不要盗你的图，然后你就被拉黑了，你用高端花材设计出的新款商品，别人转眼就用低端花材替代了，还卖得比你便宜，转瞬你的顾客因为不懂内情，就被低价吸引走了。有时候别人学了你的东西，还不说你的好，到处说你的花卖得贵。

说起来一把伤心泪，同行就一定要成为互相伤害、互相拆台的冤家么？恶意竞争什么时候才能了结呢（图10-2）？

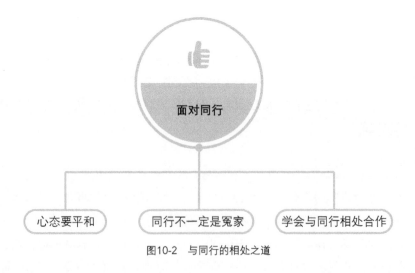

图10-2　与同行的相处之道

10.2.1 心态要平和

小伙伴是做鲜花微商的，地处四线城市，在当地也算是做得知名度挺高，最近向我说起她的苦恼。当地有一个姑娘看她做得挺好也开始做鲜花微商，姑娘加了她的微信后看她的价格，总是比她便宜一块钱来跟她竞争，她只好把姑娘屏蔽了事。最近当地要开第一家实体花店了，店主加了她的微信后想看她的朋友圈，小伙伴又把店主屏蔽了，又派了第二个人加她的微信来观察她获取"情报"。这个小伙伴后来做了洛施花舍的代理商，我就教了她一个方法：大大方方的开放你的朋友圈，不要怕。实体店因为有房租、人工等成本，是绝对比拼不过你的鲜花价格的，你反而可以给她看到你代理得非常好的花茶品牌。而另一个鲜花微商你可以找她去谈，你们一起在当地把价格平衡下来后，靠谁的技术好、服务好去竞争顾客去，再说马上有一家实体花店加入，你们最大的竞争对手将不再是彼此。

小伙伴有些犹豫，这样能行吗？我教她，你须得先敞开胸怀，你才能有收获，不能因为怕竞争而不去竞争。更何况你有花茶作为后盾，你大可以大大方方地去跟那家实体花店谈合作，让她引入你的花茶，既为她带来收入，又为你多了一个伙伴，何乐而不为。小伙伴又提出了新的问题：那我岂不是要把我的顾客分给她了？我告诉她，首先，虽然你有可能会因为她代理了你的花茶后，通过你的介绍把你的鲜花顾客变为她的顾客，但你应该看到更大的好处是：你将通过这种方式获得一个实体花店的伙伴，这样你依旧没有人工、房租成本，却相当于你拥有了一家实体店。你可以与她合作，带更多的客户去做活动，也可以在你忙不过来的时候转单给她，她同时也变成了你的一个销售场地，这样的好处是比你们恶意竞争、互相防范要好得多的。甚至当地，只有你们做鲜花的情况下，你都可以做到当地鲜花行业的龙头，这是多么好的一件事呀。

小伙伴通过与我聊天，打开了心扉，打开了思路，也扩展了市场，现在已经是当地鲜花行业龙头老大，那家新开的花店果然很高兴地加入了她的团队，成为她的伙伴之一。

10.2.2 同行不一定是冤家

同行不一定是冤家，还有可能是朋友吗？同行之间如果好好相处，良性竞争，是否能成为相知相惜的朋友？你最大的竞争对手有可能就是最了解你的朋友。

（1）与同行成为朋友

与同行成为朋友其实很简单，只需要你有一颗包容并开放的心态，你要有这样的观念：同行的存在是有益处的，你可以与他一起形成良好的市场秩序，也可以联合起来，共同开发市场，还可以与你一起引导顾客的消费理念。只有抱着这样的心态，你就不会排斥同行。同行的微信朋友圈，时常点个赞，鼓励一下对方，在朋友圈跟对方互动，久而久之就能成为朋友了。

（2）成不了朋友也不要互相攻击

有些时候即使你心胸宽广，但也会遇到本就心胸狭窄的人，这时候更要大度，即使成不了朋友，也不要互相攻击，与对方争执，或者说对方的不好，更不应该在顾客面前贬低同行。因为当你对着顾客贬低他人，顾客会想你是否也会对着他人贬低他，因此，最不要做的事就是与同行互相攻击。遇到不可理喻的同行，你只做好你自己就好。

（3）良性竞争形成良好的行业氛围

如果你与同行良性竞争，互相学习，互相促进，互相比着做好看的款式，构思新奇的经营方式，长此以往将形成良好的竞争氛围，也将有利于形成良好的行业氛围。只有大家都好了，都发展起来了，你的店才能发展起来。大家共同努力开发市场，开发引导顾客，顾客越来越多，越来越能欣赏有品质的花艺作品，才是经营的王道。只有市场繁荣了，你才能从中得利，才能把生意做得更好更大。这就是我们往往在市场上看到同一行业扎堆儿经营的真谛。一个地方只有一家店铺，虽然没有竞争者，但也吸引不来客流，从而经营惨淡，甚至把自己饿死。

10.2.3 学会与同行相处合作

同行之间相处是一门学问（图10-3），除了可以竞争外，还可以互相合作，共同发展，比如同行之间互相借货、转单，又比如互通信息，共同维护市场秩序。只有共同把市场经营好，才能共同挣钱；只有行业被顾客高度认可，生意才能越来越多，辛苦做的花艺作品才越来越值钱。

图10-3　同行相处的学问

（1）借货

同行之间也可以互相借货，有时顾客急需的订单，偏偏自己店里的货欠缺某一样，现进货来不及，不接又觉得遗憾，那么这时候如果你有关系比较好的同行，就可以向同行们求助了，事后再还同样的回去，既不耽误生意，也维护住了顾客，同时跟同行之间也有了互相帮助的情谊。这样做的前提是，你也要帮助你的同行，在人家有同样要求的时候，能够一样帮助别人。

（2）换货

同行之间如何换货，比如某样礼盒你进多了，自己卖得不好，相反同行卖得很好，你可以与同行谈一谈，把你的礼盒换给他，把他售卖不好你却售卖很好的产品换给你。换货当然是本着公平自愿的原则，这样做的好处在于能够止损与减少库存，让货物流转起来，总比降价处理或占压库存要好得多。

（3）转单

同行之间还可以转单，现在的顾客订花需求可能不止局限在一地，比如你的花店在市里，你的老顾客想往县里送一束花，你接不接这样的订单？订单接了，你肯定不能为一束花专门跑一趟到县里，这样会劳心劳力，得不偿失。不接订单，你的老顾客还要不要维护？这时你就可以在你们同城的花店微信群里去转订单，寻找县里的花店接你的订单，即使是同价转单，你因此维护住了你的老顾客，也是一件很好的事情，何况你还可以收取中间费，通过这样的方式你也可以与更多的花店同行熟悉起来。

（4）拼单

有些时候花店接到的订单你自己不一定能够独立完成，这就需要伙伴之间的合作。订单太大或者订单时间很紧，货量又大，推出去不接可惜，接了自己一家店又不能完全拿下，这时你就需要与同行互相协作，共同来完成订单，但这需要提前讲好利益如何分配，如何分工明确，如何共同完成订单，合作愉快的话，你不仅能圆满完成订单，也会收获志同道合的小伙伴。

另外，现在进花很多都是靠网络，遇到团购机会难得的鲜花，自己一家店又拿不下那么多同样种类的鲜花，但这鲜花又是你确实想要和急需的，这时我们就可以像在网络上团购水果、团购卫生纸一样，找你的同行小伙伴们一起拼单。

（5）互相学习

现在有很多专业的微信群，例如学花艺的同学群、同城花店的进货群，又或者是某一本花艺书的读者群或者是花道学习群等等，在这样全是同行的群里，交流专业知识或者花艺信息，又或者学习信息以及心得体会，又或者遇到不会的问题请教帮助等，是一件非常好的事情。在这样的群里与大家互动，可以增进相互之间的感情，也可以预见更多行业趋势。现在这个时代，早已不是守着自己一家小店墨守成规，就能赚钱的时代了，需要的是联合以及平台、团队化的发展。

10.3　高智商与高情商的重要性

作为一个经营实体店铺的生意人，最重要的体现就是高智商与高情商。俗话说和气生财，在面对顾客时，都需要会说话，能说让顾客舒服的话如此方能促进成交，有时顾客想要你让利给他，这就要学会如何既把话说得让顾客能接受，又不损害自己的利益。不会说话的人往往一张口就把顾客得罪了，而自己还不知道，顾客再也不来，还到处说你店铺的不好，此类事情多了，你就等着关门大吉吧。因此，面对顾客时一定要会说话，会做事，更要学会如何促进成交。

10.3.1 学会说话与做事

有的人可能会认为，开店首要的是要有一个好位置，只要地处黄金地段，人流如潮，生意就一定会兴隆。至于会不会说话，并不是很重要。其实不是，同样的地段，别人做得风生水起，但有的店铺却是门可罗雀。有的人盘下别人已做得完全成熟的店铺，售卖完全相同的货物，没几年却门庭冷落，最后关门了事。这方面的事例和教训太多了。

开店最忌讳的就是跟顾客争执、打架以及当着顾客的面埋怨另一个顾客，这就是属于低情商与低智商的表现，很多时候如果会说话会做事，往往会有另一番表现。比如一束268元的花顾客让你抹去后面的零头260元卖给他，你怎么说怎么做？有的人可能就会抹去了，那么下回顾客再来，还让你抹零头，你怎么办？如果不给顾客让利，你又如何说？这些都是需要好好地从实践中学经验，可以多向前辈请教，或者向其他行业零售店的人员请教。这样的实际销售经验，就是你需要认真学习并掌握的，很多人在开店之初，只凭着一腔热情去开店，很容易因为成本核算或者怕赔钱而直接拒绝顾客，但顾客的心理如何平衡，是一个需要谨慎对待的问题。

在日常销售中会遇到各种各样的突发情况，如何做到应对自如，既不得罪顾客，又能保证自己的利益是非常重要的一种技巧。我见过特别厉害的销售店主，你到她的店里去买衣服，她不但对你热情相迎，还会跟你拉家常，嘘寒问暖，更重要的是为了让你在店里多待一会，还会拿出吃的与你分享，这样的店主令顾客舒服，自然达到了她想要的目的，日子长了，与顾客也就顺理成章地变成了朋友，所有的老顾客都维护得很好，怎么会愁没有生意，没有顾客上门？

因此我们说高情商、高智商的人，在日常门店销售中将掌握主动权，是制胜的关键。

10.3.2 会成交

顾客来店里要求包一束花，多少钱一报价，包完花收钱，然后送走顾客这谁都会，但你会连带销售吗？面对犹豫不决的顾客，你会促进他成交吗，你会帮他选定合适的产品吗，你能获得他的信任吗？这才是真正的会成交。比如顾客要买一束送给妈妈的花，你会询问顾客妈妈的喜好吗？然后根据喜好为顾客搭配包装好花后，再多问一句要不要配套花瓶，一起送给妈妈？如果你店里还有附加产品，比如花茶或者蛋糕，或者手工小首饰，你可以一起推荐给顾客。这就是连带销售，等顾客主动询问与自己主动推荐给顾客，是有本质区别的，可能因为你的一个询问举动，本来只会卖出一束200元鲜花的销售小单一下子变成了1000元的销售大单呢。当你收完钱把鲜花交给顾客后，并不意味着销售行为的完结，如果时间和条件允许的话，你最好亲自把顾客送到门口或门外，如果忙不过来，也要热情地跟顾客告别，表达歉意。这样做，你的顾客会是什么感觉？我相信你一定能给顾客留下一个好印象，你也将由此获得一个忠实的老顾客。

10.4　培训员工与自我提升

经营店铺除了顾客是不可或缺的人外，店铺的员工也是非常重要的，只要雇佣员工，一定是需要依靠员工做大部分的工作，以及承担大部分的门店销售任务，因此员工将直面顾客，参与销售，只有把员工培训好，才能全方位的适应店铺销售需要，才能让员工发挥应有的作用，店主才能省心，不然请了员工后，店主仍然劳心劳力不能放权，岂不是白白浪费了人工钱。如何在开业前通过基础培训提升员工的素质与能力，让员工与店铺共同成长，才是本节需要重点探讨的问题。另外，除了员工的培训，店主的自我提升也很重要，不能仅仅要求员工提升素质，自己的素质提不提升就无所谓了，更不能因为招到了合适的员工，一切就依靠员工去做，自己坐享其成。店主更应该进行自我培训与自我提升，更应该站在更高的高度来看待问题，看待整个行业，着眼未来，时刻把握花店业的趋势与方向，为花店的经营寻找新思路与新出路。

10.4.1 培训员工

这里说的培训员工（图10-4）与前面章节说的培训员工是不同的角度，本节着重讨论的是经过初期的岗位培训，店铺开始营业后，对员工的培训工作。这时对员工的培训更加重要与细化，因为这将涉及店铺的实际运营与管理，以及是否能放心把店铺交给员工打理的问题。

图10-4　员工培训内容

（1）花艺技能

首先对员工的技能是有要求的，花店业是技术行业，什么都不会的员工很难融入其中，现在是快节奏的时代，已经不是过去什么都不会的花艺小白，去花店打工又能赚钱又能学习技能的时代了，人工成本逐年在增加，因此，花店更希望招聘到熟练的花艺师或花艺学校毕业的学生，稍加培训就能上岗，这将节省一大部分培训员工的时间以及成本。

即使是熟练工，进入一个新花店后，你也要视情况对他进行培训，比如店里各类设施的使用，是否有收银系统的学习与使用经历，是否有外卖订单系统的使用经验等都在技能培训的范畴中。

另外，在日常店铺的经营中，有意识地为员工提供新的花艺款式或者定期的花艺技能提升培训，也是非常有必要的，只有员工的技能越来越完善，才更有利于店铺的日常销售，以及款式的花样翻新，以便承接到更多的订单。

（2）说话技巧

员工直面顾客时会说话是非常重要的。一个会说话的员工除了能让顾客听着舒服，减少与顾客的冲突外，还能达到与老板沟通顺畅的效果。会说话是一门艺术，让人听着舒服的说话方式是情商与智商高的体现，谁也不希望请个员工回来成天怼天怼地怼顾客，外加教育老板，同时也不希望这个员工沉默寡言。因此除了招聘时要求员工会说话外，在日常培训中也要注意培养员工的言语表达能力，起码知道什么话该说，什么话不该说，还要培养员工能够与你在销售过程中互相配合，员工与员工之间也要互相配合，这将有利于店面销售。

另外，一个员工的会说话不只是在销售层面上，生活中也要严格要求，有些人会有一些不好的口头语，作为花店以及高素质的员工一定要杜绝这样的现象，把员工的素质提升到更高的层面，才是花店高品质的具体体现。

（3）礼仪

除了要员工会说话外，员工的举止也要得体。素质的高低都代表了花店的档次感，一个训练有素的员工在花店里一定是看起来令人舒服的，比如：接待顾客时不会挖鼻孔，不会叉着腰；顾客到店里不会看到员工之间相互东家长李家短地闲聊，以及对其他顾客品头论足；更不会在店里吃气味过重的食物，比如榴莲、臭豆腐，也不会一张嘴说话，一嘴大蒜或葱味；中午时分也不会让进店的顾客看到员工在店里酣睡等等。这些都是对员工的基本礼仪要求，只有严格要求员工，才能让员工记得这是在上班，在经营一家花店，大城市的店一般不会出现这样的问题，中小城市的花店则不会注意到这些，员工往往都是本地聘用，连老板自己都不会特别注意，更不会要求员工注意礼仪。但一个好的门店一定是让人从里到外觉得舒服的，而员工的一言一行绝对代表了这个店的定位与档次感。员工往往直面顾客，要想吸引高品质有品位的顾客，首先员工的素质要到位，员工的举止要显得训练有素才行，只有这样，你的花店才看起来像一个高品质的花店。

（4）销售技巧

对员工的销售培训不能停，一个会销售的员工，心里时刻想着门店销售业绩，对门店的盈利有着至关重要的作用，当你把花店托付给这样的员工时，你才不会担心和发愁门店上门来的生意跑掉。销售的方法每个行业都是通用的，因此，如果一个花店招不到拥有合格花艺技能方面的员工，可以转而寻找会销售的员工，再来培养他（她）的花艺技能。

（5）情绪管理

员工的情绪表现对门店形象也很重要，一个一言不合就开打开骂的员工，会为店面带来隐患的，当然不能留在店里，但更加要命的是一些隐形的负面型员工。这类型的员工往往控制不了自己的负面情绪，表现在时常喊累、抱怨、说负能量的话、员工之间互相吐槽、埋怨老板，更加不能忍受的是这类员工的患得患失与怀疑态度。这类员工会给周围造成一种隐形的负能量场，所过之处仿佛空气都凝固了一般，并且谁靠近他就不自觉地跟着情绪低落消极或者烦躁起来，这样的员工如果在培训或工作中发现，那绝对不能用，因为他就像是隐形的磁铁会把负能量都集聚起来，一个人能影响所有的员工情绪，更会影响顾客的情绪，在这样的员工身上通常会有很多的投诉与纠纷，不仅会导致顾客远离，而且会造成店里其他员工的流失，所以这样的员工是绝对不能用的。

在店面日常管理中，要学会发现员工的负面情绪，并及时疏导，要培养员工积极乐观的心态和健康向上的思想，教会员工克制自己的负面情绪，掌控自己的表情及言行。因此，你作为一个花店店主，这也将对你提出新的要求，要时刻掌握员工的情绪变化，能够了解员工的思想变化，并且首先自己就要充满正能量才行。

（6）激励与管理

店铺里招到员工后，往往会面临一个问题，那就是员工的流失，有时候刚把员工的技能培训好，员工却离职了，不仅白白浪费了培养时间更浪费了人力成本，因此在费心培养员工的同时，还要做好员工的激励与管理工作，减少员工流失的概率，降低人力成本。

① 员工的激励。

员工的激励包括与员工共情，要注意培养员工与你有共同的梦想、价值观与目标，要培养员工的责任心，对店铺、对你的感恩之心与忠心。只有员工与你有了共情心理，才会想你所想，想你所未想，想你所不能想，把花店当做自己的一样，用心去做。要想让员工做到这一点，首先你要做到把员工当家人，当伙伴，员工才会把你当家人，把花店当做家。因此，培养共情意识时，要注意给员工确立店铺的愿景，你的梦想，你的经营理念以及你的目标。并且要大胆用比自己优秀的人而不妒忌才能，要对有能力的员工提拔与重用，要对积极的员工有奖励，要对主动的员工授予自主权，要对爱学习的员工提供学习的机会，为合适的员工提供合适的工作舞台。更重要的，要从生活和工作上去关爱，帮助他（她）们，用真心去对待员工。

② 管理员工。

在管理员工的过程中，不要只会用钱，要用心，不是所有的员工都能用钱来摆平，并不是你请员工吃顿好吃的，就能让员工听你的话，夸你好，而是在于你请员工吃饭的过程中怎么说，怎么做。要学会为店铺制订规章制度并严格遵守，用店铺规范来约束员工，并且表扬员工要及时与公开，并有理有据。而教育员工是公开还是私下进行要视情况而定。伤员工自尊与面子的话尽量不要公开说，与员工谈心要私下说。

在面对兼职员工时要管理好，并及时给付劳动报酬，同时如果觉得兼职的员工可以经常聘用，要跟兼职员工说好，欢迎兼职者首先考虑你的店铺。

面对优秀员工要离职时，要积极采取措施挽留，询问离开的原因，找出解决问题之道，实在不能挽留时，也要跟员工积极保持联系，并欢迎员工常来店铺看看，需要工作时优先考虑你的店铺。

如果可以，时常跟员工开开会，谈谈心，掌握员工的思想动向的同时，也让员工了解你在干什么，你在为店铺、为员工做什么。只有知己知彼，你和员工，员工和员工之间才能形成良性循环，才能令无虚发，井然有序，员工才能自觉自发地工作。

10.4.2 自我提升

店铺里除了员工外，你自己也很重要。作为一个店铺的老板，尤其是高品质的花店老板，必须时刻保持自我的良好形象，要紧跟时代潮流不停地学习自我"充电"。只有自我不断提升（图10-5），才能令自己的思想始终保持在最前端，才能预测到整个行业的走向，才能在花店需要转型或增加新的副业时，把握住风向标，及时调整前进的方向。

图10-5 自我提升方法

（1）自律

你怎么做，员工都看着你呢。你要求员工的，你自己先能做到才行，不然员工会说老板都做不到，凭什么要我做到？如果你自己都不自觉地时常爆粗口，员工怎么会举止文雅呢？如果你自己的水平还不如员工，员工又怎么会信服你呢？因此，你要求员工的言行举止得体，首先你必须做到；你要求员工会销售，你也得会销售，而且应该做得更好。因为有时来了大订单，员工不能做主，还是得你自己去谈，如果你的水平还不如员工，如何能令顾客产生信任感。顾客会觉得你这个老板没什么本事，不值得放在心上。一家高品质的花店，老板本身必须也是高素质的，才能令顾客和员工心向往之。

（2）不要放弃学习

时代在变，节奏越来越快，不论是花艺技法还是整个信息化都在快速发展。作为一个需要经营店铺，并且需要店铺赚钱的老板，不能放弃学习，要时刻保持学习的热忱与动力，投资什么都不如投资学习知识来得实在与持久。一个老板只有不停地学习，才不会被时代以及整个行业淘汰，才能保持赚钱的清醒头脑。

（3）自制力

自制力是一件很重要的事情，比如小视频很火，你明知道看多了会耽误时间，耽误事情，但你依然控制不住自己，那么将会耽误多少事情，延误多少订单？你明知道玩游戏会影响形象，却控制不住自己想玩的心，将给员工带来什么样的影响？因此，自制力是一个人成功的不可或缺的因素，也是一个店铺老板的重要素质。只有能掌控自己，才能掌控店铺，才能一门心思地奔着店铺越来越好、越来越高品质的目标去经营。

（4）保持形象

花店是制造浪漫与快乐的场所，顾客对花店的定位一定是这样的，同时顾客对花店老板也一定有所想象与期待。这里不是指一定要花店老板男的帅，女的美，但一定不能男老板光着膀子，一摇三晃，女老板蓬头垢面、满口脏话。一个良好的形象会让你在与客户谈订单时，更加自信与充满魅力，顾客会被你的形象气质所吸引，员工也会被你折服。因此保持良好形象气质是一个高品质花店老板必须具备的要素，学会对自己的行为管控，学会对自己的形象管理，学会在合适的场合搭配合适的衣服出席，这将成为未来看一个人是不是高素质的具体标准。

（5）不抱怨

抱怨是花店老板不能有的事情，不能把抱怨传递给顾客，更不能把抱怨传递给员工，作为花店永远都要想着传递给顾客的，是温馨浪漫的情怀，传递给员工的，是正能量和积极向上的心态。因此，要学会积极正面地看待问题，遇事寻找解决之道而不是一味地抱怨。只有自己形成良好的正能量磁场，才能吸引好的事物向你靠拢，摒弃隔绝负面的东西靠近，才能打开店铺运营良好的局面。

10.5 多为顾客考虑一点你就赢了

在店铺运营中另一个至关重要的角色就是顾客，只有店铺不断有新顾客上门，有老顾客持续买单，我们的鲜花才能卖出去，我们的产品才能有人买。因此，如何留住新顾客，如何把新顾客黏住，变成老顾客，如何让老顾客变成忠实顾客，如何令忠实顾客给你介绍新顾客，在店铺中是至关重要的（图10-6）。

图10-6 多为顾客考虑一点

10.5.1 教一点养护知识

很多顾客在买花回去后并不会养护，如果你能够建立顾客群，并时常教顾客一些花的养护知识，一方面会显得你很专业，另一方面也会显得你很贴心。为顾客着想的专业店铺与店主，会受到顾客的信任与青睐。你多教他一点养护知识，也有利于顾客把花保养得更好，这样总比你每天都去解决售后问题，顾客每天向你抱怨你的花不好，没几天花就蔫了、败了要好得多。而且养护知识普及到位后，顾客会形成习惯，时不时把养护好的照片发到群里来，一能供大家欣赏形成互动，二也能为你提供更多买家秀的素材，从而，招徕更多的顾客。一举多得的事情，因何不为？

10.5.2 送保鲜剂

与养护知识相对的，就是解决顾客养护困难的问题，对于鲜切花、花束来说，一袋保鲜剂就能解决很多问题。而送顾客保鲜剂将成为你贴心的体现，顾客因为获得你的保鲜剂，也将为他省去过多为鲜花换水剪根的烦恼。为顾客省事就是为你自己省事，用每次顾客买花赠送一袋保鲜剂的成本，来打造店铺的特色与口碑是一件非常划算的事。

10.5.3 顾客的喜好

在维护顾客时，有一个非常重要的细节，就是了解顾客的喜好以及了解顾客的需求。例如顾客买花是为了送女朋友，如果你多问一句她女朋友喜欢的花的品种和颜色，将为你赢得顾客的好感，同时也将帮助你做出更加专业、更加贴心的花礼，只要这次送的花令顾客满意，下次顾客便还会来你的店里选购，一来二去，这位顾客就留在了你的店里，成为你的忠实顾客。

对于老顾客，记住他的喜好以及特殊要求会更加显得店铺贴心与善解人意。比如某位顾客不喜欢百合的香气，那么在送周花时，你特别为他定制去除百合的花束，势必能够赢得顾客的满意与认可。

10.5.4 特殊日子送花

老顾客的结婚纪念日和生日等日子应当记下来，老顾客如果在这样的特殊日子能收到你的问候，收到你送的一束花哪怕是一枝花，也将为你赢得这个老顾客的忠心。把顾客当朋友一般相处，顾客也会在关键时刻想到你，以关心换忠心，非常值得与划算。

有一位于姓男花艺师平安夜里做花礼时遇到这样一件事（图10-7）：

一位爸爸领着一个12岁左右的小女孩走进花店买花，原来这个小女孩要给自己的老师定一束圣诞节鲜花，问花艺师多少钱？花艺师答曰，一般的小花束七八十左右。女孩的爸爸表示愿给100元，但得让孩子满意。于是这位于姓花艺师便不计成本地加了玩偶、装饰品和各种配花，显然这束花的价值已经远远超过100元了。

最后小女孩开心地抱着花束和爸爸离开，而这位花艺师在朋友圈的留言很感人：

如果我要是这位父亲，我的孩子想要通过花来表达自己的情感，我也会支持他（她）们。假如这位父亲没有钱不让这个孩子买花送给老师，我也会包一束花送给这个孩子。毕竟孩子有这份心很难得！我希望从我手里走出去的花都是带着温度的，而不是冷冰冰的商品！

图10-7 花艺师的朋友圈

其实，这位男花艺师的做法非常暖人心，我相信那位父亲如果以后还要买花一定还会来他这家花店，同时这样的行为一定也令小女孩的心里很温暖很快乐。作为一个有情怀的花艺师这样的事情是非常暖的，当然作为想要盈利的花店来说，送花之事有待斟酌，你开得是花店不是慈善，每个人都有其送花的理由与目的，倘若每个人都送，那么你的花店便不能继续盈利开下去，也就无法为更多的人服务了。相对而言，那位于姓花艺师就因为常常额外送过多的花和不好意思找老顾客要花钱而导致店铺经营困难。因此，在为顾客多着想的情况下，更要记得，你的店铺是需要盈利的。你的店铺不盈利就不能继续经营下去，也就不能继续为更多人服务，把爱和温暖传递给更多人。

要为顾客多想一点，这是希望把顾客留下，变成你忠实的老顾客，而不是变成了顾客，你的花店开不下去了。

顾客有时会有一些特殊的送花需求，比如去看病人或者去看望孕妇，你只需要做到特殊的送花情景下你多问一句，多为顾客着想一点，你就赢了。

10.6 让顾客喜欢上你及你的商品

如何让顾客喜欢上你及你的商品，非常简单，你只需要用心经营你自己，用心打造你自己的店铺即可。

具体来说，首先要笑脸迎客，**打造店铺与你的亲切感**。

然后，**主动与顾客沟通，了解顾客的需求，倾听顾客的问题，并妥善回答，得体的赞美顾客**。用"诚心"换顾客的"耐心""理解"和"支持"。

提升服务品质，把控商品质量，耐心解答顾客关于商品的疑问。

只有这样，才能让顾客对你及对你的店铺产生信任感，从而促进商品成交，同时也容易令顾客放下戒备心理，与你成为朋友。只有你与顾客成了朋友，一切才好办，一切才有可能，一切才刚刚开始……

第四篇

花店的未来在哪里

写书的这一年，因为关注，时常会在微信群里看到花店转让的信息，也会在散步时看到本市新开的花店，没过多久又倒闭了，有时候也会看到群里的花店同行抱怨生意不好做，朋友圈里同行们更是每天都在发布秒杀、团购鲜花的活动，看着声势浩大，但利润真的不大，劳心劳力，赔本赚吆喝的比比皆是。

我经常在想，花店业怎么了？看似繁荣的局面难道是假象，难道是真的萧条了吗？花店犹如雨后春笋般一家家冒出来，学花艺的人热情高涨，花艺学校一年比一年收费贵，无数的人辞职去开花店，花店的类型不断在翻新，花艺活动一年多过一年，可为何还有那么多的花店人干不下去了，又为何有那么多花店强撑着？

在婚庆花艺中，大部分花艺师都会通宵熬夜把婚礼现场花艺布置好，梦幻般的场景映衬着新人的婚礼，可是创造这一切的花艺师们却从来不会享受这些：现场布置好了，宾客来了，新人到了，花艺师们却匆匆走了，他们说活儿已经干完了，属于自己的时间已经过去了。

大多数花艺师们从没想过留在现场看看效果，也从未想过借此机会与众多来宾谈谈花艺业务，接接订单，也从未想过与新人们合张影留念。熬了通宵的花艺师们看起来就像民工一样，与光鲜亮丽的宾客和新人显得格格不入。

从这样的场景中就可以看出花艺师们欠缺的更多的不是技艺，而是一种思路，一种营销思路，一种经营自己的理念。如果是你会怎么做？如果是我，做完花艺，我不会离开。我会找个方便的地方把一身工作服换下，穿上优雅的长裙，梳妆打扮好，带着名片与宾客们交谈、合影、留下名片和微信，我更会看完整场婚礼并拍下若干照片和视频发布到社交网络，最后，我还会在新人合影环节去与新人合张影，然后作为我花店的宣传资料。这个时代早已不是闷头苦干就可以成功，就可以挣钱的时代，只有正确的方式方法与思路才是制胜的关键。

我们可以看到，一大批花艺爱好者或者是外行涌入这个行业来开花店，他们的本职工作也许是摄影师，也许是画家，也许是咖啡师等等，因为这样那样的需求和原因开起了花店，于是形成了花店＋的模式，这样的模式在大城市逐渐多了起来，这样的花店既给人耳目一新的感觉，又使人有更多的体验感，也令花店业有了更多的可能。

在传统花店成本逐年上升，利润越来越薄的现代，已经不再会有照着过时的挂图，把鲜花随便包一下，就有顾客来买花了，花艺也不再是一个单纯的技术行业。这个时代对花店经营者的要求，将越来越高，越来越全面，如何令自己的花店时常有新产品、新思路，如何令自己保持对花艺的热忱，如何令花店能够持续吸引顾客，是摆在花店经营者面前的一道道难题。

我时常扣心自问如何做才能令花店经营者有所突破，如何做才能令花店经营者有所启发？花店业的未来到底在哪里？花店人的路在何方？因此，这一章将是探索与探讨的一章，我更多的是想引起你的思考与反思，希望对你能有所启发。

第11章

走出去见世面

老话有云"读万卷书，不如行万里路"。说的是书本上的知识再多也不如亲身实践去看看，这句话用在开花店上也是一样的，你只有见识过别人家花店什么样，才能想象出自己的花店应该装修成什么样；你只有看见过斗南花市什么样，你才能体会与理解鲜花的拍卖与进货时的情形；你只有见识过别人家花店淡旺季的经营，才能够懂得你自己家花店淡旺季应该怎样经营；你只有更多地走过看过想过，你才能够设计规划你自己的经营模式；你只有真正地看过好的花店与不好的花店，你自己才能在经营中借鉴或避免。

总之，只有真正地见识过、看过、体验过，你才能够真正地汲取别人的经验与长处，防范别人的短处与错误发生在你的身上，这将在很大程度上帮助你在经营中少走弯路，少赔钱。对于一个新开的花店来讲，少赔钱就意味着赚钱。

11.1 开花店之前，你需要走出去

在开花店之前，你有必要走出去转转，不要把眼光局限在本地，而是应该尽可能地多转转，从南到北，从东到西，多去转几个地方，你会有很大的收获。

很多成功的生意人在准备投资一项生意之前，都会进行市场考察，去参加展会，去市场调研，还会去全国各地看看别人家的生意如何，市场是不是饱和，然后再决定是否投资以及投资多少，开花店也是一样。花店再小也是生意，即使花店代表你心中的浪漫与梦想，但它仍然是一门生意。投资花店将消耗掉你大笔的金钱，不允许赔进去、不允许有失，尤其是梦想越美好，经营模式构思就会越复杂，装修

就会越豪华，面积就会越大，开一家高品质花店更是如此，那么在开店之前进行市场考察就很有必要。

11.1.1 根据地域考察

根据你所在城市的经济发展水平，去考察同类型的花店。以河北为例，如果你想在保定开一家花店，那么你除了考察本地的花店，还可以去看看廊坊、唐山等地的花店。看看同等经济条件下的花店，人家是如何经营的，花店的地理位置如何，装修如何，花店面积如何，经营范围如何。同时你还可以跟当地花店店主进行交流与沟通，并建立联系，向他们请教经验与教训，因为你们并不是一个城市的，因此他们很大程度上都会乐意与你交流。

考察比你城市等级更高的城市花店（文后彩图11-1）。你想在保定开花店，可以去看看天津的花店以及北京的花店。大城市的花店代表了一种流行趋势，因为资源更广泛，店主更见多识广，往往花店里都有一些令人耳目一新的内容，你去考察你周边的大城市，可以学到大城市花店的新颖内容，有些可以拿来直接用在你的花店里，令你的花店在当地引领新的潮流。

去不同的地域城市看一下。你是北方的花店，就去南方花店看看，反之亦然。因为不同的地域城市，人文风情不一样，会带来很多经营与装修风格上的差别，与这些花店交流，将帮助你了解花店业整体的行情，令你有大局观，做一个胸中有丘壑，心中有大局的店主，不会着眼于眼前的蝇头小利，而是眼光长远，一定会有与别人不一样之处，自然在经营上也会比别人略胜一等。

11.1.2 进货渠道

货物是一个店经营的重中之重，花材就是一个花店的货物，在前文中，我们列举了很多的进货渠道，这些进货渠道在开店之初就应该敲定下来。开店前去考察鲜花的进货渠道是非常重要的一环，尤其应该去昆明的斗南鲜花批发市场去考察。了解进货渠道，看看那里的鲜花种类，与当地鲜花批发商建立联系，认识花材种类，了解花材的等级分类，向花商询问详细的进货方法等，这些都是非常重要的事情。而本地的鲜花进货，也应该去详细了解，要与本地花商建立良好的关系，同时绿植批发、花艺辅料、盆栽器皿等的进货渠道也应该一并了解透彻。只有手中有货，在

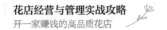

开店时心中才不慌，有货就意味着有钱。

11.1.3 去感受不一样的花艺世界

我曾经在开花艺工作室之前由北向南绕着中国南部自驾转了一大圈，主要的目的就是去考察，考察整个的花艺市场，见识花店，同时与昆明的花商建立联系，当然还包括游览（文后彩图11-2）。这一趟旅程下来，收获颇多，除了我应该考察的事项，认认真真地在看、在学、在听、在交流外，还见识到了很多过去完全没见过的植物（文后彩图11-3~彩图11-11），了解了那些植物的生长环境和植物形态，有很大的收获。同时因为出去考察了一圈，眼界开阔，有自己独到的眼光，同样的东西能发现和别人不一样的地方，对花艺也更加有所体会，但最有收获的是因为见识到了多种多样的花店更加的坚定了自己的信心。

带着目的多去转转，去别人的花店多看看，还可以顺便游览一下，看看当地的名山大川，看看植物的生长环境，你会对植物们有更深的了解，哪些植物喜阴，哪些植物喜阳，这些植物生长的习性等问题，根本不用死记硬背，你只要去见识过，自然就知道如何养护了。举个例子，比如现在流行的热带风，凤梨、散尾等等为什么配在一起好看，也许你从来都不知道，只是别人那么搭配你就那么搭配了，其实你到南方，到西双版纳去转转，你就知道为什么要那么搭配了，因为这些植物天生就是长在一起的，它们是一个生长环境里的植物，因此怎么搭配都会觉得和谐。还有包装纸，你会问，为什么他家的花束就搭配的那么好看，包装纸搭配得就很和谐？其实你也可以做到，你去大自然里转一圈，你自然就知道怎么搭配了，那种看着和谐的颜色搭配方法，永远都藏在大自然里，等着你去发现。

这些都是让你走出去看看的原因，但根本的原因是你在学花艺之前，可能只是看了几个图片或者视频，也可能就是买了几把花，觉得你喜欢，就想要开花店了。你在学了花艺之后，也可能是觉得有意思，这就是你想要的生活，于是你就想开花店。开花店在本质上与开其他的店没有区别，都是做生意，只是形式上看起来更浪漫一点而已，如你根本不了解这个行业，就贸然进入，显然是极容易失败与丧失信心的。你需要通过市场考察，来了解真实的市场是什么样的，也需要通过走出去见识，来坚定你的开店信心，完善你内心的所想与店面规划，让你的理想逐渐丰满起来，把它变为现实，因此你必须要去看看外面的世界。同时也可能你走了一圈儿，发现这个活儿你干不了，这个生意你做不了，由此打消了开店的念头，那么这叫及时止损，你完全可以把考察当成自己出去玩了一圈就好了，花不了多少钱，比起你开了店又关了，钱都赔进去要好得多。

不管怎么样，在开店前出去考察一圈对你有益无害，因为当你真正决定开店并开起来后，你才会休会到你有多忙碌，每天一睁开眼，几位数字的房租、水电、人工等成本压在头上，你再想出去旅游，过说走就走的生活，那完全是开玩笑与任性。至少我还没见过有哪个花店人敢任性地把店门一关，一出门十天半个月不回来去旅游的。所以出门考察一圈，也将是你最后难得的放松机会，一举多得的机会。

11.2　开花店之后，你需要走出去

当你开店一段时间后，你也需要走出去看看，这时你开店了，你会有更多更新的体会，带着问题去看看别人家的花店，也许你会找到共同之处，可以与店主一起交流。这时候走出去见世面不用很远，可以就近到你所在的城市去看看别家的花店是什么样，或者再远一点周边别的城市的花店，你周边的大城市的花店。2~3天的一个行程就可以满足你的需求，这时的你不是为了去考察市场，更多的是与同行们建立联系，去交流去学习，你会有很多新的发现与感想，回来后运用到你自己的花店，将又是一番新的气象。

这样的行为可以时常地来一回，不要让自己做井底之蛙，要时刻关注你的同行们都在干什么，时刻去了解别人家的动态，新上了哪些产品，新的包装纸怎么应用，网红花材别人家有没有进等等，这有助于你时刻把握潮流动态，也有助于你自己经营花店不固步自封，更有动力。

11.3　开花店后劲不足，你更需要走出去

花店这行就是这样的：只要店一租下来，每天还没睁眼就背着至少几千元的房租，一年辛辛苦苦大部分收入都给了房东；虽然当初的梦想是创造美好，是把爱和美带给顾客，但开了店后顾客也许并不买账，这个跟你要200元的手捧花，那个跟你要150元一对的开业花篮，那时你会觉得再好再棒的设计也没人买单，也会觉得辛苦

努力花高昂学费学来的东西好像并没有什么用；情人节的订单做也做不完，手上全是伤口，累得腰酸背痛，想要放弃，又觉得委屈，就这么放弃了有违当初的梦想。你会觉得当初的梦想可能是错误的，心气也没那么足了，花店继续开下去也没有动力了，但就此放弃又心有不甘，每天都在纠结犹豫，那么在这个时候你就需要出去走走了。

走出去，再去看看外面的世界，外面的花店，看看人家怎么经营的，看看大自然的风光。带着你开花店遇到的问题，多去与外面的花店交流，诚心向别人请教，也许你会找到解决方法，重新获得继续开花店的动力。

就像很多人上班觉得辛苦时想出去旅游一样，当你开花店后劲不足了的时候，就是你需要出去看世界的时候了，去旅游也好，去考察也好，去向其他花店学习也好，或者去游学也好，总之，你走出你的花店，走出你待烦了的城市，到别人待的城市去感受一下，你能发现很多有趣的事情。

等你回来，你会有很多的提升以及更多的感受，你也将为你的花店注入新的活力，把你出门的事情发到朋友圈，你的顾客、你的朋友们都能看到你的脚步，带美好的纪念品回来送给老顾客，借此机会与老顾客交流联络感情，你将有新的发现与启发，你的老顾客也会为你的举动而更加忠心。因此，不要担心你出门出去会影响到店里的生意，暂时放下，让自己歇歇，才能更好地回归与再次启程。

第12章

学会学习

学习应当是一个人终身都要坚持的事，当今社会你拼命努力，时刻不放松，也只能保证自己停留在原地，更何况不学习不能与时俱进，就会被淘汰，而学会学习是花艺人非常重要的技能。

花艺界更新换代太快，你需要时刻跟紧潮流，时刻掌握新的技巧，不断有新的构思，新的产品面世，才能满足顾客

图12-1 如何快速学习

们多变的心理与求新的需求。如何学习，学习什么，如何花较小的代价学到较多的东西，是我们应当好好思考与探讨的。这一章，我们将从两个方面来探讨如何学习（图12-1），希望对你能有所帮助。

12.1 拜访名师

老话说"读万卷书，不如行万里路"，讲的是要多出去走走，增长见闻，不要死读书，但还有一句话叫"行万里路，不如名师指路"，则讲自己去经历的，有时候不如老师指点的一句。师者，传道授业解惑也，很多时候我们自己摸索的不一定对，自己总结经验总要碰壁好久，才能积累总结出来，如果有机会让你能够快速的

获取别人的经验教训以及成功的方法，那么一定要抓住这样的机会去学习。拜访名师，跟随大师去学习，就是让你快速获得经验与技巧的好方法。不要怕花钱，不要觉得学费贵，因为花了这个钱却节省了你自己探索的时间，节省了受挫折承受失败时的损失。或许，与失败后所付出的代价相比，你跟随老师学习所交的学费，不过是九牛一毛而已。

过去，文人士子想要出人头地，想要科举时考个好成绩，也都要想尽办法跟随有名的大儒学习，成为人家的弟子才行，而手艺人则需要住到师傅家，从学徒工干起。先学会给师傅做饭，打扫卫生，要很多年才能学成手艺，还得看师傅愿不愿意教以及你肯不肯吃苦才行。现在社会则不需要那么厚重的仪式感，你只要有钱就行，只要你能交得起学费，就能寻到好老师来为你授课，这实在是方便快捷的事情，用极小的代价学到别人多年总结出来的经验、技巧，是一件非常划算的事情，更何况你还可以四处炫耀，说你是某某大师的徒弟，不仅可以给自己镀金，还可以抬高身价，你学到的技艺还有助于你快速收回成本，如此一算绝对是非常值得的。

12.1.1 中国的好老师

其实中国的好老师还是很多的，这些老师会怀有一颗初心，以帮助学生、成就学生为己任，以传播更好、更正确的观点为目的，遇到了这样的老师实在是一件幸运的事。教书育人、为人师表，这样的老师实在是值得"老师"之名，如何寻找到这样的老师，跟随他们去学习是你需要留心探索的，一旦遇到这样的老师，一定要紧紧跟随，不仅会使你的花艺技能提升，还会给你带来思想和人生观的升华。

通常这样的老师需要单独跟随学习，他们都有自己单独的工作室、教室、个人的授课地点等，如果想寻找那种不是特别商业化的授课氛围，可以寻找教授中国文人花道、中国传统插花的那类老师，这样的老师深受中国传统文化与理念的熏陶，大多都具有一种超然物外的文人风骨，以及一种强烈的传播中国传统文化的责任与使命感，会是你理想中的好老师。

除了跟随教授人文花道的老师学习外，花店经营者还要通过专门开设的培训课程，学习最实用的门店花礼技巧，了解最新流行趋势。学好这类的课程，可以直接应用到花店的产品更新以及日常经营中去。这样做的缺点是赶流行趋势会上瘾，你需要不停跟随学习，不停投入，一场接一场。

另外台湾老师的课程也很值得学习，比如花店经营的课程，以及台湾鲜花行业有专门应用盆栽包装送礼的课程，更兼有组合盆栽课程，这些都是非常值得学习并对花店业务有帮助的。

12.1.2 外国的"和尚"会念经

中国的插花更偏向于同传统文化的结合，我们理解的花道、茶席插花、文人插花的类型，虽然很美，很有文化内涵，也逐渐被越来越多的人喜爱，但并不适合于花店的日常销售与日常装饰。在为花店经营与技艺学习的培训学校开设的课程中，除了基础花店班的课程，就是外国大师的培训班更受欢迎了，尤其每次花展上，但凡有外国花艺大师的表演，一定场场爆满，座无虚席。

选择外国大师的课程时，需要仔细区分学习内容，按内容来选择课程和导师。

一般欧美的花艺大师教授的是花艺架构类型技法，或者是新的技巧、新的突破，以及打破思维惯性的突破。

这类课程适合花艺师们提高技巧，做更高难度的设计与开发时应用，而架构设计花艺通常会用于一些表演现场、展会以及类似酒店大堂之类的装置艺术。设计制作这一类型的花艺作品，要求花艺师有全面的技艺，包括绘画功底、实际操作技巧、化腐朽为神奇的新奇构思，以及与众不同美的眼光。学习了外国大师的课程后，还需要更进一步的练习与创新，才能达到要求，所耗费时长与金钱都不菲。

花店的日常经营中，这些课程内容并不能够涉及，只在有突破性的创造作品或需要高端设计的时候才会用到，因此在选择学习时需要权衡，比较花店的定位与发展方向。不论是花店店主自己还是花艺师，或是额外聘请花艺师并提供培训，这类课程通常不在花店特别需要的应用课程范围之内，需要根据花店的定位、客户人群以及经营范围来决定是否投入学习。

另一类欧美的花艺大师主要教授婚礼现场花艺设计，这类的课程就对花店的业务有非常大的提升与帮助。

婚礼花艺设计作为花店业务的一大进项，一直备受花店业主关注，欧美的婚礼花艺更偏向于色彩浓烈、自然奔放的设计风格，近几年非常火的草坪婚礼多数采用欧美花艺设计风格，更清新自然，也更加多样化，因此学习欧美的婚礼花艺设计将有助于花店婚礼业务的延伸。

相对的，韩国、日本老师的课程对于花店来说更加实用，尤其是韩式花束包法非常受花店欢迎。

因为韩式花束的包装清新，用色温柔淡雅，深受顾客喜爱，所以韩式花束课程的实用性更强，也更容易学习与复制。日本老师的课程，一种是教授日式花道，例如小源流、草月流等都在中国开设了分部，可以学习，这类课程学习后，将为你的花店增加独特的经营范围，尤其以讲花艺课为主的花店，可以直接应用到。另一种课程是针对花店日常销售的课程，日本老师和韩国老师教授的思路与感觉，没有特别大的区别，但日本老师的课程更追求自然化，这是受日本花道的影响导致的。

12.1.3 与大咖面对面

有时候会遇到与大咖面对面的机会，比如参加每年一度的国际花卉园艺展（文后彩图12-1）。展会上除了有来自世界各地的参展商，主办方还会邀请全球知名的大咖进行花艺表演，这是一个与大咖面对面学习的机会，并且是免费的。另外一些是各花艺协会举办的活动，通常开放给各自的会员参与，一般也是免费的，或者只需要花费很小的代价就可以参与学习。像这类与大咖面对面交流的方式，是最省钱也最直接的方式，可以抓住这样的机会免费学习。

12.2　拓宽眼界

我们除了参加培训与学习外，还需要掌握最新的咨询并多跟同行交流。这种交流有助于我们拓宽眼界，增长见闻，同时能够拓展我们专业的人脉，有助于我们形成更宏观的经营理念，在经营上能够看得更长远，更有大局观。就像人们常说的，你只有看世界才有世界观，你只有见识过体验过才知道世界是什么样的。在经营花店上是这样，花艺同样也是这样，你只有知道什么是好的，什么是不好的，只有知道什么是最新的，什么是当前顾客需要的，你才能知道未来怎么做，下一步怎么走，你才能知道你的花店发展方向是什么。因此，拓宽眼界（图12-2）是有必要的，建立花艺的世界观也是必要的。

图12-2　拓宽眼界方式

12.2.1 参观展览

国际花卉园艺展是极为成熟的专业展览，每年都会举办，主办城市一年在北京，一年在上海。在展会上表演的大咖们除了会给观众带来新的理念与技巧外，也会带来新的流行花艺（文后彩图12-2），并与观众积极互动交流，同时展会上还有各种最新的花艺书售卖，花艺学校的参展，以及涵盖包括种子培育、花艺器皿、盆栽、大棚相关技术、包装、园林工具等花艺、园艺中上下游种类繁多的参展商（文后彩图12-3）。如果有机会一定要去参观展览，你在展会上将能获得与大咖面对面的学习机会，同时也将获得第一手资料，以及各种你需要的供应商的联系方式。并且通常在展会上下订单都会有一些优惠，除此之外，在展会上你还能看到各花艺协会的花艺书籍及期刊的参展，与众多参展商交流将为你带来意想不到的收获。展会通常举办3天，在看表演的同时，一定要留出自己与各参展商交流的时间，另外，包括我前文举例的洛施花舍的参展商等鲜花深加工企业也会参展，抓住时机去代理品牌，给花店增加附加值，也是极为利好的事情。

除了国际花卉园艺展外，每年还有组合盆栽展、西部花卉产业论坛、零售业交流会等各种类型的专业展览，可以就近参观展览，都是非常好的增长见闻和与专业人士交流的机会。作为花店来讲，专业的花店店主参与其中，你可以获得第一手资讯以及认识大量的优质供货商。在开店前去，能够帮助你快速地认识供货商，而在开店后去与同行交流，也是极为必要的事情。因此，定期参加专业化的展览将有助于你把握整个行业命脉，紧跟行业潮流。

12.2.2 听讲座

听讲座也是一个非常好的学习交流方式，讲座通常由各花艺协会主办。通过讲座一方面可以学习到一些新理论，也可以获得与同行更多地交流机会，而交流在花店的经营中非常重要。当前社会早已不是个人单打独斗的时代，而是抱团式发展、取暖式发展，依靠平台发展的时代。积极参与各花协的讲座便是参与到花艺协会的平台活动中去，是与各位会员交流沟通的好方法。

12.2.3 买专业书籍

理论指导实践，实践验证理论，没有理论基础的花艺仅仅是技能，没有理论做支撑的花艺师仅仅是花艺技师，而作为花店店主，没有理论做支撑，不会是一名优秀的成功店主。

专业书籍分为经营管理类、销售技巧类、财务统计类、顾客心理学类、花艺理论类、花艺技法类、最新花艺款式图片类等。这些书籍将从方方面面助力你的花店经营活动，当你遇到问题时不妨从书中寻找答案与解决之道，因为书籍是前人的思想，你用几十块钱或者几百块钱，就买到一个作者一年甚至几年的研究成果以及个人思想，没有比这个再划算再省钱的事情了。尤其是当你通过书籍的理论学习把理论直接应用到实际经营中，能够完美地结合并奏效时，将为你带来可观的实际效益，那将是呈几倍、几十倍、几百倍的收益。因此不要觉得书贵，买书、读书是这个世界上最简单最便宜的学习方式了。

12.2.4 花艺游学

花艺游学是近两年兴起的一种新形式，参与者需要交纳相当可观的一笔费用，出国去增长见识。花艺游学一般分为两类：一是一部分时间在国内，学习技能之后到国外继续学习技能，然后进行国外花艺技能考证，同时还可以参观国外花市、鲜花小镇等，这是属于以考取国外高等级的相关花艺证书的游学方式。二是十天或更长时间为期的一个以花艺之名赴国外旅游的模式，通常都是参观荷兰的鲜花拍卖市场、郁金香种球培育基地、花田、鲜花小镇以及荷兰当地热门旅游景点等，这类型的花艺游学是专门为花艺爱好者开发的花艺旅游项目。去玩去增长见识都是很好的途径，但对于技能等的提高是没有多大用处的，作为花店店主在开店累了的时候，去参加一个这样的游学，即放松自己又拓宽视野，同时把你游玩的照片发布到朋友圈，请你的客户们去观看评论，也是一个非常吸引人的经营方式，说穿了，从某个方面来说是经营一家店，更多的，是在经营人，而你把自己当成花店的一部分去经营时，往往会更容易获得成功。

第13章

花店未来出路在哪

我在写这本书初始，曾看过微信群里同行们的一个讨论（图13-1）。

是这么说的：520表白日内蒙古的花店同行们接到了一个1500束鲜花的大订单咨询，兴奋60秒之后，对方报价30元一束！于是心凉了半截，同时嗤之以鼻：这样的订单不能做，于是不了了之……可是后来发现顺丰快递小哥的朋友圈，铺天盖地520鲜花11支52元！你开始怀疑自己因为贫穷限制了想象力！你没看错，这件事是真的，千真万确，而且已经进入生产制作环节，顺丰那么财大气粗我们忍忍也就罢了，可是竟然发现接单并代工的是我们的同行，这个就有点扯了，试问您的利润是多少？你付给同事或者同行的制作费是多少？你这么多年学习花艺的成本是多少？您的店租是多少？哪怕我们这些都不管不顾，可是这1500束低价劣质的花束，给我们花店行业信誉度带来的伤害有多大？我们起早贪黑的同行小伙伴们，他们的备货，打样，前期宣传，可能因为这1500束，都竹篮打水一场空！你们挣那点辛苦的代工费真的心安理得吗？我们可以理解为现在正是行业洗牌的关键期，有顺丰就会有圆通，京东，甚至安达，一团火！请问您真的准备好参与这场浩浩荡荡的行业洗牌了吗？如果没有，请尊重一下自己的行业，尊重一下自己多年的那份初心……请尊重花艺二

转来的：
致同行：最亲爱的花店小伙伴，晚上好，最近可能很多花店接到1500束520鲜花大订单咨询，兴奋60秒之后对方报价30一束！你心凉了半截的同时嗤之以鼻，特么的这样的单子脑残才做呢！于是不了了之……可后来发现顺丰快递小哥的朋友圈铺天盖地520鲜花11支玫瑰52元！你开始怀疑自己因为贫穷限制你的想象力！你没看错，这件事是真的，千真万确，而且已经进入生产制作环节，顺丰那么财大气粗我们忍忍也就罢了，可是竟然发现接单并代工的是我们同行，这个就有点扯了，试问您的利润是多少？你付给同事或者同行的制作费是多少？您这么多年学点花艺的成本是多少？您的店租是多少？哪怕我们这些都不管不顾，可是这1500束低价劣质花束给我们花店行业信誉度带来的伤害有多大？我们起早贪黑的同行小伙伴，她们的备货，打样，前期宣传，可能因为这1500束，都竹篮打水一场空！你们挣那点辛苦的代工费真的心安理得嘛？我们可以理解为现在正是行业洗牌的关键期，有顺丰，就会有圆通，京东，甚至安达，一团火！请问您真的准备好了参与这场浩浩荡荡的行业洗牌吗？如果没有，请尊重一下自己的初心……请尊重艺花二字！如果真的要被其他行业干死，请坚强的倒下！告诉自己我曾经努力过，但不曾双膝下跪！
内蒙古花店联盟所有同仁。　　2018年5月17日

图13-1　疯狂转发的同行微信

字！如果真的要被其他行业干死，请坚强的倒下！告诉自己我曾经努力过，但不曾双膝下跪！内蒙古花店联盟所有同仁。2018年5月17日

这样一篇带着血与泪的控诉与极具煽动性的微信内容，刚开花店或准备开花店的朋友肯定是没看过的，但已经开花店的同行们却不一定没看过，也可能看到过更多类似的，或者自己正在经历这样的事情。这篇微信长文发在群里后，引起了小伙伴们的讨论与共鸣（图13-2），大家有的说："周围出现了好多花店，5个左右"，有的说："这个行业在以非常快的速度变化"，有的说："全城的工作室，团购群，一大堆"，还有的说："我们前两年都把矛头对准鲜花电商，但是今年，连鲜花电商都开始疲软了，但是冒出来很多比电商更厉害的游击队和你都不知道从哪里冒出来的部队""现在连菜场、超市、洗衣店、水果店都开始卖花""我们客人说我们今年东西太便宜了""看来放量意味着去利润""对啊！因为在各路人马一起围剿实体花店的情况下，根本都不敢卖得贵"。我想说——花店作为鲜花售卖的唯一场景的时代，已经一去不复返了！

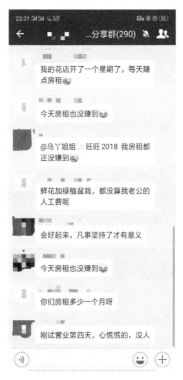

图13-2　小伙伴们的讨论

在花店业利润逐渐被各路人马瓜分的今天，花店的现状是什么呢？花艺课程费用逐年升高，各种新包装纸新礼盒越来越贵，顾客越来越不买账，总嫌你的花贵，过去有花就买，现在要货比10家！过去你开花店是为了浪漫，是为了美，是为了快乐，现在呢？当你累死累活忙活半天，顾客不说你好，家人也顾不上照顾，当你起早贪黑腰酸背疼时，你还快乐吗？当你的纤纤玉指变成山药棍时，你还觉得浪漫吗？你一年辛苦赚了多少，够交房租吗？房租交完够你出国玩一圈吗，你又舍得出国玩吗？

顾客买花是因为快乐，花店卖花也是希望快乐。但是现在，卖花整天累得半死，各种不快乐。而客人也各种嫌弃你的花贵，这是不正常的，所以一定要改变。我们如何改变？

当全民皆会插花，从鲜花微商那里可以买到便宜鲜花时，花店业的利润如何保住？如何增长呢？

13.1　对未来的思考

花店的未来并不是前路难测，也并不是真的实体不好做，生意做不下去，而是看你如何经营这家花店。就像当初网络兴起，网店兴起时，整个实体店都面临挑战，现在，也到花店了！花店将面临前所未有的挑战与机遇，也将面临整个行业的大洗牌，那么，一个新开的花店，如何同老店竞争，如何同鲜花微商竞争，如何同其他林林总总的店竞争？你做好准备了吗？你是要做出自己的特色，还是要做一家勉强度日并逐渐被取代的花店？你有应对之策吗？你有信心及方法来做好这家花店吗？你想把你这家花店开成什么规模？多少员工？想做成连锁吗？

我希望你看完这本书后，能够好好想想你真的想好开花店并准备好了吗？你应当对你及花店的未来做一个规划与思考，我希望看完这本书的你，是一个目标明确，志向远大，并怀揣梦想又不怕困难，能坚持下去的人。我希望在未来你能够具备这样的心理素质及品质，能够走得更远，能够把花店做得又赚钱又长久。因此，我建议你在一开始准备开花店时就不妨规划好，眼光放长远一点，更有目标一点，为你的花店设置一个好的未来，然后朝着这个目标努力去做并坚持下去，你会收获你想要的！

13.2 花店业前景在哪里

鲜花行业利润正在被分薄，这里面，有花店人自己不计代价的恶性竞争，恶性循环的结果，也有行业洗牌的因素，更有外来其他行业的跨界打劫的原因，过去忠实的老顾客也学会了花比三家，动辄就要折扣，要赠品，不然就不再忠诚。另外，中产阶级正在崛起并成为跨界开花店的主力，这些中产阶级有钱、有时间、有品位、有追求，更把开花店当做毕生梦想。就这样，浩浩荡荡地行业洗牌来临了！花店业的未来前景在哪里？

13.2.1 老百姓买花成为常态化

未来，广大花艺师和花店的花艺沙龙开展，将迎来全民懂插花、会插花，普及花艺基础知识的时代。就像韩国、日本妇女都会去学插花来陶冶情操一样，中国的女性也将花艺视为提高自身素养的一种必备品德。而鲜花微商、花店、花市、鲜花电商的四足鼎立将令鲜花行业的成本越来越公开透明，价格越来越低，随着老百姓生活水平的提高，对精神文明的追求也越来越强烈，买花将成为一种常态。

13.2.2 中国传统文化越来越受人喜爱

近年来随着国学的复兴，中国传统文化越来越受到人们的重视与喜爱，插花作为传统文化的一项，伴随着花艺沙龙、花店讲座等多种形式逐渐深入到普通民众心里，这种又美又优雅又陶冶情操的文化方式正在被更多的人喜爱和向往，因此包括插花、香道、茶艺等在内的一大批传统文化正如新生事物一般正在复兴，并被越来越多的人接受和喜爱。中式插花因为它深厚的内涵和悠久的历史以及典雅的气质，结合书画、古琴、燃香、瓷器等一起，被提到一种很高的高度，并被追求高雅生活又享受高品质物质文化的高端客户认可与提倡。因此，未来中式插花将作为高端的存在，而花店日常售卖商业花礼会作为大众消费存在，花店应当学会中式插花并开发高端客户人群。

13.2.3 鲜花的成本公开透明

随着各种越来越多的人加入到鲜花行业，鲜花的成本将越来越公开透明化。当成本被大众熟知时，鲜花店再靠垄断进货渠道提高售价、过节涨价赚钱，很明显是做不到了。那么未来将像更多行业被整合、被洗牌一样，鲜花行业也会被洗牌，因此，唯有靠技术与创新来获取更多的顾客资源。当鲜花不论在商业花礼还是宴会设计等领域的应用越来越广泛时，靠的就是独特的设计以及过硬的技术与手工来赚钱，而不是像过去做一场婚礼靠花材赚钱，布置却是免费的。未来一定是花材只收取顾客成本价格，而独特的设计构思以及人工费、车马费、布置费等才是收入的主要来源。

13.2.4 鲜花将进入到社区及千家万户

这个世界是懒人的世界，因为懒得走路所以发明了马车，因为懒得喂马所以有了汽车，因为懒得开车所以有了自动驾驶汽车。鲜花，因为顾客懒得去花店买花而有了鲜花电商，每周一束花送花上门。也因为懒得绕道花店订花送人，于是，那种包好鲜花，放进自动冷藏售卖柜，并投放在地铁站、各大商场的自动鲜花售卖机出现了。这种不需要实体店，不需要店员，没有水电费的鲜花售卖机将节约多少人工成本？这种售卖的鲜花也将低于花店平均售价，只要不是要求太高的顾客，可以很方便地扫个码，微信付款就拿走了，那么这会不会对实体店形成冲击呢？答案是一定的，那些只会照图片包花又卖得死贵的花店一定会受到冲击的，届时你是否能存活下来？

不远的将来，鲜花店将直接开进社区，顾客不出小区大门就能在家门口学花艺、买鲜花。社区店除了可以学插花、卖鲜花外，还可以为顾客提供上门家庭插花服务，更可以送绿植上门，这样的社区店如果开成连锁的，再有大量的资金支持，请问还有街边的鲜花店什么事儿？所以，未来，鲜花行业一定是要面临大的行业洗牌和冲击的，你做好准备了吗？因此开花店一定不能再是过去的老传统、老模式，必须要率先做出变革和改变，在未来来临前，积攒足够的能量和资本，只有如此，才能成为金子，在大浪淘沙的时候存活下来并闪闪发光。

13.2.5 中产阶级的跨界

越来越多原来从事其他行业的中产阶级，因为有钱有时间，因为向往鲜花的浪漫而进入到花店业，他们不按常理出牌，利用自身的资源与优势，很多都在鲜花行业做出了自己独特的风格与经营方式，有的做了花店＋摄影，有的做了花店＋美食，还有的做了花店＋咖啡等等，鲜花的跨界就是从他们开始的。未来，中产阶级跨界进入鲜花行业的行为不会停止，并且不只是中产阶级，连快递业都在进军鲜花行业，还有什么是不可能的，那么作为传统花店该何去何从？未来以中产阶级领导的鲜花业的革命，将浩浩荡荡地开始，到处都会是各种各样花样繁多的花店，未来将不只是单纯花艺技艺以及鲜花进货渠道的竞争，还有比拼脑力的竞争，谁更有想法，谁更有趣，谁更吸引顾客，谁就能赢得市场。

13.2.6 传统花店转型

当大街小巷都开满了新型花店、特色花店时，传统花店何去何从？要么倒闭转行，要么就要转型。这个时代，你拼命奔跑都有可能在原地踏步，何况是固步自封、止步不前，因此，传统花店转型势在必行。那么如何转型？向什么方向转型？传统花店还有市场么？就像小卖店一样，不会完全被大超市挤得一个都不剩，但一定是在社区里，顾客方便购买的地方，只能勉强维持着生意，赚钱就不要指望了，也不用想着能发展多大，必须要靠热情周到的服务才能存活，鲜花店已不单单只是卖鲜花了，必然得售卖其他产品才能补充收入，勉强度日。如果鲜花店嫁接类似洛施花舍那种优质的品牌与产品，还有可能能够赚钱，如果嫁接了类似大闸蟹、防臭袜、女性生殖保养产品等，那无疑是自寻死路了。

13.2.7 未来实体店拼的是顾客体验与个性化

未来实体店卖什么也不如卖体验，顾客与三五个好友坐在鲜花环绕的店里，喝茶聊天，看书学习，走的时候每人顺便带一束花、一盒花茶回家，鲜花插瓶，花茶拿来喝，这才是未来实体店真正存在的意义。对于顾客来说，花店是一种可以交友放松的场地，一个类似沙龙、会所一样的存在。个性化的体验带给顾客不一样的感官享受，才是顾客追求的浪漫优雅的生活，才是花店未来的样子。

13.2.8 鲜花电商从线上走向实体

鲜花电商经营到一定程度，顾客都培养起来了，观念也有了之后，订单的增长就到了一个瓶颈，这时如何突破瓶颈，形成新的增长点就成了鲜花电商们亟待解决的问题。越来越多的顾客不希望收到冷冰冰的快递盒，而是一束有故事的鲜花，因此鲜花电商不能替代花店存在，而花店却可以增加鲜花电商的周花业务，那么鲜花电商转而走向实体门店，就像阿里巴巴会做盒马生鲜，京东会做京东便利店一样，增加线下实体体验店，促进线上销售。未来，一定是实体花店嫁接新的产品与微商、电商结合，从而走向线上销售，获取利润甚至实现倍增，而线上鲜花电商转而走向线下，增加实体体验店来获取顾客感受的第一手资料，再在线上售卖林林总总的各色商品。目前做得最好的大概就是野兽派了，既有实体门店给顾客交流体验与对外形象展示，又有线上公众号等圈粉、售卖，并且不断开发新产品，请明星代言，引领行业潮流。

13.2.9 新的行业资源整合

现在早已不是个人单打独斗的时代，靠的是团队，拼的是平台，只有具备优势资源，打造平台化的构成体系，形成团队抱团式发展，才能在未来更好的发展与运营下去。花店已经从过去单一化的只经营鲜花变为现在的鲜花＋，未来鲜花＋的模式已经远远不够，满大街的鲜花＋也不能满足顾客日益增长的物质文化需要，未来一定是鲜花行业的上中下游相关行业形成抱团式发展，只要跟鲜花能搭上边的内容，或者符合鲜花优雅浪漫品质的行业，都将与鲜花混搭，形成鲜花＋N的局面。一家花店里可以有书吧读书，可以坐在鲜花丛中美甲，可以在花店中摄影，也可以在花店里喝茶聊天等等，凡是你想到的想不到的，未来都将出现在鲜花店中，而到那时，花店会被赋予新的生命与含义，花店将不再单单是花店，而是鲜花沙龙、会所。

新的行业整合正在到来，未来将以鲜花为核心打造一系列的资源平台，你有没有这样的心理准备？你能不能胜任这样的行业资源整合？整个花店的未来既充满机遇又充满挑战，你准备好迎接了吗？

13.3 真的需要凡事亲力亲为吗

当你成功的开起一家花店，并运营良好赚钱后，你作为花店老板就需要好好思考了。我见过太多的花店，每天忙碌于顾客订单，忙碌于开业花篮、婚礼订单，忙完了母亲节，忙"5·20"，那么，当你每天这么忙碌而顾不上享受生活，顾不上追求你想要的浪漫和小确幸时，你有没有觉得累了，想歇一歇？有没有想要把店关了，一走了之？你真的是在高效的忙碌吗？还是你只是看起来很努力？有些人是那种即使雇了店员，也要凡事亲力亲为的人，你真的有好好静下心来，思考你应该做什么，应该怎么做吗？而当你的花店经营状况稳定，收获了预期的收益时，你怎么办？继续拓展分店还是守着一个店？

13.3.1 把一家小店做大时你忙得过来吗

人的精力是有限的，当你既当店员又管理财务，还当老板时，即使你的店生意越来越好，也总会遇到瓶颈期，每年收入眼见可预期，再想往前前进一步都不能，过节做个订单都怕有命挣没命花，怎么办？这时，你需要招纳伙伴和店员，你需要培养店长替代你，你更需要信任他们，并学会放权。当你学会复制你自己，并成功把你自己复制出来后，你就可以开分店了，复制多个跟你一样的人出来，你就可以开连锁店了，那时你将不再是一个店的老板，你将是真正的公司老板。那么，你具备成为一个公司老总的素质吗？你具备他那样的思想与格局吗？这是需要你在花店盈利后设定的目标以及思考和学习的东西，只有你不断给自己设定目标，并朝着那个方向努力，你才能发现路上不一样的风景。同时，只有你把自己的时间解放出来，你复制了多个跟你一样全面的你，你才能真正地放手享受你想要的生活。因此，学会教你的店员、店长，并信任他们与放权，学会在她们身上复制出同一个你，才是你需要在未来学习并考虑的问题。这点，你不妨跟微商学习，学习他们是如何快速裂变的，并向他们请教他们的团队运营方式和如何高度保持团队的一致性。

13.3.2 还有时间吗

当你越来越忙，你还有时间静静地思考吗？思考花店的未来，思考花店的发展方向，思考花店的运营模式？你可能只剩盲目地像陀螺一样旋转在家和花店之间了，这时你需要停下步伐，静下心来好好思考你花店的未来，以及你要去的方向了。

13.3.3 进行时间管理

其实不只是花店，很多人都面临着看似时间不够用，其实浪费了很多宝贵时间的情况，学会利用碎片化的时间学习，管控自己不去刷电视剧和小视频软件，对自己的时间进行试管理，做可以一边……一边……的人，你将会收获更多。

13.4　你的初心丢掉了吗

当你开花店一段时间，逐渐忙碌起来，日复一日被订单牵绊折磨时，你还能想得起来当初把开花店当做梦想的日子吗？还能想得起来为了开花店，兴奋得睡不着觉的日子吗？是时候停下来，好好反思自己并拾起你的初心了，你只有坚持本心，坚持初心，才能在面对困难时不畏险阻，只有保持你的初心，才能快乐地开花店。愿我们都秉持初心不悔，坚定地走下去。

后记

　　我是一个热爱生活、热爱鲜花的人，更是一个花艺师。我想我和大多数朋友一样，都对花艺有着超乎寻常的热爱，更想把这份热爱通过巧手传递给广大的人民群众，也想把我对鲜花行业的理解让更多的朋友知道。

　　我也与大家一样，面临很多困惑，如何平衡商业利益与个人追求是一个极大的难点。有温度的花礼固然是美的享受，但如何既令花店做得有人情味，又能够保持花店长久生存下去，同时又能够满足个人日益增长的物质文化需求，这是摆在大多数花艺师和花店业主面前共同的难题。希望朋友们能够从本书中找到一点启发或是一点解决之道，同时也希望更多的朋友与我交流探讨，我们共同努力把中国的花艺市场繁荣丰富起来。

　　我是幸运的，能够通过出版这本书展现我的思想并与众多行业内的朋友们交流，非常感谢为这本书提供帮助的我的家人、朋友们，是他们提供了我努力写作的动力与精神支持，没有他们，我无法安心地写作成书。更感谢为了这本书辛苦筹划的编辑、排版与设计的工作人员，因为他们的辛苦工作，才能呈现如此优秀质感的成品书于大家面前。

　　我和你一样，在花艺里都是渺小的，那不停变换的时尚与更新换代的花艺技法都需要不停地学习与追逐。我们也是庞大的，我们正在用我们自己的力量为祖国的美添砖加瓦，也正在用美丽的花礼治愈一个又一个心灵，使人绽放一张张笑颜。感谢那个坚持花艺梦想的你，感谢那个认真努力的你，感谢你认真阅读了这本书，并祝你有所收获。

清璇

2019年12月于北京

彩图1-1　插花

在白色花器上除了插上各色品种类型不同的花卉外，还有红色浆果与红色、绿色叶材的映衬，很好地诠释了插花这一词

彩图1-2　东汉壁画

河北望都一号汉墓1952年出土，原址保存。是现存最早被考古界确认的插花图像记载。墓主人东汉孙程，因拥立汉顺帝有功而被封浮阳侯。浮阳侯与汉朝皇室联系密切，印证了中国的插花始于宫廷，是一项自上而下传播的高雅艺术

彩图1-3　唐代人造绢花　　　彩图1-4　现代简易花车　　　彩图1-5　现代仿照"锦洞天"

彩图1-6　《花篮图》夏图

宋代，李嵩绘，北京故宫博物院藏。画中所绘竹
篮编织精巧，里面放满了各色鲜花，有秋葵、栀子、
百合、广玉兰、石榴等。小小的花篮折射出繁花似锦
的大自然——美丽、多样、蓬勃、朝气，让人看了之
后感到十分亲切

彩图1-7　吊篮式自由插花

元代钱选绘，现藏台北故宫博物院。图中桂
枝呈三折如意式，枝梢上扬，打破对称的篮花形
式，富有动态之感

彩图1-8　《丰登报喜图》元代

台北故宫博物院藏。瓶插梅与南天
竹，配饰包括结饰、鞭炮、香炉、佛手、
柿子、如意等。用以展现丰收的喜悦之
感，寓意美好

彩图1-9　撒

彩图1-10　现代插花技巧

彩图1-11　池坊基本插花式样　　　　　　　　彩图1-12　现代池坊插花

彩图1-13　小原流插花　　　　彩图1-14　2018年日本花道协会在日本花道展上
　　　　　　　　　　　　　　　　　　　　的"草月流"插花作品

彩图1-15　古巴比伦空中花园的复　彩图2-1　北京南四环花市以售卖鲜花种类多、价格合理最受老百姓
　　　　　原想象图　　　　　　　　　　　　　欢迎

彩图2-2　冬日清晨，浓雾下的东风国际花卉市场，原位　彩图2-3　周末的山东旅游城市日照花卉市场
　　置在北京东四环星火西路，2018年搬迁至来广营东路

彩图2-4　福建旅游城市厦门的鲜花批发市场

彩图2-5　花花世界里商户摆的琳琅满目的干花、仿真花

彩图2-6　斗南一片绿油油草花、叶材的外围花市　　彩图2-7　鲜花交易大厅内部，琳琅满目的各色鲜花整齐排列，像等待花商检阅的士兵

忙完了，摆拍几张！接下来……准备睡三天三夜！没有几万的单子，肯定叫不醒我！

我们下午的微景观活动又要开始了。今天是三八女神月活动高峰日，全天8场活动，早上、中午、下午、傍晚……

彩图3-1　花艺师们节日过后的手　　彩图3-2　雨中搭建的花艺师　　彩图3-3　节日忙碌过后花艺师们叫苦不迭的朋友圈

彩图4-1　内地为了显大而过度包装的花束　　彩图4-2　香港花店待出售的花束　　彩图4-3　懂小姐的花店门面装饰

彩图4-4　懂小姐的花店面对顾客的鲜花售卖区

彩图4-5　为顾客制作花礼的老板娘"懂小姐"

彩图4-6　"懂小姐"的商业花礼

彩图4-7　厦门街边的小花店

彩图6-1　花艺场景展示
鲜花、书、下午茶构成了一幅温馨浪漫的画面，令人心生向往

彩图6-2　商业花礼照片（左）和以花为主题的广告宣传片（右）

彩图6-3　白纱与黑纱玫瑰
搭配颜色不同，两束花呈现不
同的感觉

彩图6-4　柔和的花束搭配图

彩图6-5　粗劣的花束搭配

优秀的商业花礼，一定是注重花束的色彩搭配比重，花之间的形态、
大小、形状、包装纸与丝带的选择，图上同色系花束搭配给人以温馨
浪漫的清新之感

 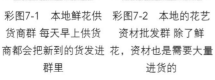

彩图7-1　本地鲜花供
货商群　每天早上供货
商都会把新到的货发进
群里

彩图7-2　本地的花艺
资材批发群　除了鲜
花，资材也是需要大量
进货的

彩图7-3　某进口商公
众号

彩图7-4　花展上国外供货商展示
的高品质鲜花

彩图8-1　花店位置　　　　　　　　　　彩图8-2　花店内鲜花陈列　彩图8-3　橱窗
花店在绝佳地理位置，背后就是商场停车场　　　　　方式　　　　　　　布置

彩图8-4　花店内整体空间布置　　彩图8-5　成品花束展示区　　　彩图8-6　立夏花店外观

彩图8-7　立夏楼梯景观　　彩图8-8　立夏一楼一角　　　彩图8-9　收银台装饰

彩图8-10　立夏二楼布景　　　彩图8-11　二楼交流空间　　　彩图8-12　调皮的立夏花店
萌宠

彩图8-13　有特色的店面设计　　　　彩图8-14　店面橱窗设计　　彩图8-15　店内拍照区域1

彩图8-16　店内拍照区域2　　彩图8-17　店内鲜花陈列区　　　彩图8-18　花店里的咖啡操作台

彩图8-19　花店内陈设装饰　　　　　彩图8-20　花店内鲜花摆放

（a） （b） （c）

彩图8-21　花店一楼装饰布置

（a） （b）

彩图8-22　二楼花艺装饰空间

彩图8-23　三楼花艺布置空间

彩图8-24　醒目的霓虹灯

彩图8-25　特殊花材班克木

彩图8-26　进口非洲菊

彩图8-27　怪异的玫瑰品种

彩图8-28　染色玫瑰

彩图8-29　春季的芍药

彩图8-30　夏季的荷花

彩图8-31　以白玫瑰为例玫瑰花头的等级
　　　　　区别

彩图8-32　不同等级玫瑰的高度

彩图8-33　成扎玫瑰等
　　　　　级区分

彩图8-34　婚礼桌花
由于设计的婚礼可能用花量惊人，因此一定要做好应急方案以备不时之需

彩图8-35　上海某家网红甜品花店陈列方式

彩图8-36　一家多种陈列方式的花店

彩图9-1　酒店大堂插花

彩图9-2　音乐餐吧的花艺软装

彩图9-3　样板间花艺装饰

彩图9-4　国外珠宝店门前的花艺装饰

彩图9-5　宴会花艺设计

彩图9-6 草坪婚礼现场设计 　　彩图9-7 宴会区设计 　　彩图9-8 餐桌花艺设计

彩图9-9 大型单位员工团建插花活动准备现场 　　彩图9-10 某花店微信朋友圈

彩图9-11 为送花而做准备的快递员

彩图9-14 花艺讲座 　　彩图9-12 小视频网站上分享的花束 　　彩图9-13 微信公众号营销

22:00

伦敦是欧洲最大的城市，这里除了从君主立宪制下的女王脚下，到最潮、最in的时尚品牌和前卫艺术，还有大本钟、伦敦塔桥、大英博物馆、大牛津街这样的地标建筑和游客云集之地，伦敦的多元化远非语言所能表达。我们还将去**全球排名前三的花艺学校**Catherine Muller 学 习。

Catherine Muller 由法国著名花艺设计师凯瑟琳·穆勒（下图右一）创办。目前全球一共有四家，分别是法国、英国、美国和韩国。花店的特殊之处在于她将自然界中所看到的植物和花草等元素，以完美的方式进行结合并创造出独一无二的作品，也形成了独特的自然风格。她告诉我们，每一个作品都是自然、艺术、创造的完美结合，同时也让我们知道了花艺的表现形式不仅仅只有花而已。这里

彩图9-15　某花艺游学公众号推文

花坊

🍂🍂🍂快乐电商中秋新品💝只要298元就能吃到正宗阳澄湖大闸蟹！
⚡⚡全国顺丰包邮
假一赔十有死验货保赔

彩图9-16　某花店中秋节朋友圈

彩图9-17　山东平阴当地小吃——炸玫瑰花

彩图9-18　云南当地的鲜花宴

彩图9-19　茉莉花茶　　　　　　　　　彩图9-20　常见的菊花茶

彩图9-21　单独冲泡的金银花　　　彩图9-22　玫瑰花茶　　　彩图9-23　洛施花舍玫瑰花茶
　　　　　　　　　　　　　　　　　　　　　　　　　　　　　　　　的功效

彩图9-24　洛施花舍玫瑰与普通　　　　彩图9-25　洛施花舍的花茶与护肤品系列产品
　　　　　　玫瑰花对比

彩图9-26　形式多样的洛施花舍全球各区域高端品鉴会　　彩图9-27　洛施花舍在北京插花
　　　　　　　　　　　　　　　　　　　　　　　　　　　　　协会举办的插花公开课

彩图9-28　洛施花舍在2018年北京
　　　　　国际花卉园艺展

彩图9-29　花店加盟洛施花舍后的展示空间

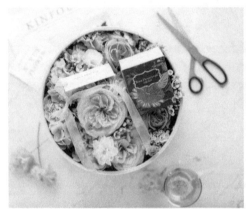

彩图9-30　花店加盟洛施花舍后做的各式商业花礼

彩图9-31　花艺师正在制作带有洛施花舍花茶的花礼

彩图9-32　花约店的旅拍摄影

彩图9-33　花约本人　　　　彩图9-34　花约现在的店以及周围倒闭的店铺

彩图9-35　花约店现貌　　　　彩图9-36　花约新店装修效果图

彩图9-37 甜品店吧台

彩图9-38 售卖鲜花的区域

彩图9-39 椰子冰淇淋

彩图9-40 鲜花与甜品

彩图9-41 鲜花与鸡尾酒

彩图11-1 世界各地的花店将令你大受启发

彩图11-3　服务区的枫叶

彩图11-4　红花羊蹄甲

彩图11-2　随手拍照

去往贵州的路上，在高速停车区拍照，走到哪拍到哪的我，随手记录了很多的美图同时也见到了很多平常不容易见到的花卉品种

彩图11-5　色彩的搭配

开车的路上当"采花大盗"，不同的地方有着不同特色的花草，走一路摘一路，拍一路学一路。大大丰富了我对花卉品种以及产地的认知。

彩图11-6　超大滴水观音

在贵州的黄果树瀑布景区，见识到了地理自然环境对植物的影响，这里的植物都特别大，北方种在花盆里经常被顾客种的半死不活的滴水观音在这里长成了"树"

彩图11-7　路边随手做的花束

在贵州当地，就地取材，做有特色的花束愉悦自己，路边的花花草草都成为我的好花材

彩图11-8　云南比人高的芦苇

云南洱海边的芦苇高达几米，我仰望着这样的芦苇，忽然感觉到大自然的伟大

彩图11-9　从树上摘下的大花

彩图11-10　瓷玫瑰

第一次见到的花很多，比如在云南景迈摘到的火焰树（火烧花）

云南西双版纳看到的瓷玫瑰和地涌金莲我是第一次见到，我惊异于它们的美丽，同时也极大地丰富了我的花材认知

彩图11-11　地涌金莲

彩图12-1　在第20届国际花卉园艺展上学习国外大师的精髓

彩图12-2　第21届中国国际花卉园艺展上展示的餐桌花艺

彩图12-3　展览上的新型自助浇花盆